KB194131

# 예수! 그가 다가온다

‖‖‖ 예수를 부인할 수 없는 12가지 이유

# 예수! 그가 다가온다

초판 제 1쇄ㅣ 2005. 6. 25.
　　　 9쇄ㅣ 2005. 11. 5.

지은이ㅣ 정성민　　　편집책임ㅣ 송우진
펴낸이ㅣ 정성민　　　표지디자인ㅣ 이은경
펴낸곳ㅣ 푸른초장　　내지디자인ㅣ 정영수

등록번호ㅣ 제 387-2005-00011호(2005년 5월 17일)
소재지ㅣ 경기도 부천시 중동 720번지 3층
　　　　ᵀᴱᴸ 032) 664-1544 (푸른초장), 010-6233-1545
출판유통ㅣ 하늘유통 (031-947-7777, ꟳᴬˣ 031-947-9753)
인쇄처ㅣ 우림문화사

# 예수! 그가 다가온다

▥ 예수를 부인할 수 없는 12가지 이유

정성민

푸른초장

# Contents ...

한국교회를 아끼고 사랑하는 마음으로 권석원목사님
(기독교대한성결교회 교단창립 100주년 기념사업위원회 위원장, 천안교회)께서
이 책의 출판을 후원해 주셨습니다.

요즘 서점에서는 "다빈치 코드", "예수는 없다"와 같이 기독교 신앙을 왜곡하거나 부인하는 자극적인 책들이 불티나게 팔리고 있습니다. 이러한 서적들은 성경의 진리를 왜곡하며 불신자들로 하여금 기독교를 조롱하게 만들고 있습니다. 뿐만 아니라 예수를 믿고 있는 기독교인들조차도 혼란스럽게 만들고 있습니다. 우리 기독교인들은 이런 무신론적 도전에 어떻게 대응해야 할까요?

한국문화 속에서 기독교는 더 이상 새로운 문화가 아닙니다. 친척 중 한 명은 목회자나 장로, 권사가 있을 정도로 우리 기독교는 많은 성장을 하였습니다. 현재 한국사회에서 기독교는 그 누구도 쉽게 무시하거나 외면할 수 없을 정도로 커다란 영향력을 행사하고 있습니다.

그렇지만 이러한 기독교의 성장 이면에는 신앙에 비판적이며 회의적인 냉랭한 기독교인들이 있습니다. 또한 불신자들은 종교의 필요성조차 느끼지 못할 뿐만 아니라 교회에 대해 혐오감마저 가지고 있습니다. 이러한 사람들은 다음과 같은 질문들을 하곤 합니다.

. 하나님이 살아계신데 왜 세상은 이렇게 악합니까?
. 정말 기독교에만 구원이 있습니까?
. 기독교 신앙은 너무 비과학적이지 않습니까?
. 예수 믿는 사람들이 왜 그렇습니까?
. 하나님을 믿어야 합니까? 예수님을 믿어야 합니까?
. 성경의 내용이 너무 불합리한 것 아닙니까?
. 교회가 너무 타락한 것 아닙니까?

정말 당혹스러운 질문들입니다. 그렇지 않아도 기독교를 비웃던 많은 사람들이 기독교 비판 서적들을 통하여 우리를 공격해 올 때면 참으로 난감한 상황을 맞이하게 됩니다. 지금의 상황을 '무신론과의 전쟁' 이라고 표현할 수도 있을 정도입니다. 그러나 우리는 복음을 전하기 위해 이러한 무신론적인 질문들에 응답해야만 합니다.

지난 몇 해 동안 필자는 서울신학대학교에서 종교철학, 현대신학, 조직신학을 강의하면서, 부천 중동에서 교회를 개척하여 목회를 하고 있습니다. 개척교회 목사로서 그리고 신학대학 교수로서, 하나님을 부인하며 종교에 관심이 없는 현대인들에게 어떻게 예수를 전할 수 있을까 심각하게 고민했습니다. 이 책은 바로 이러한 고민의 결과물입니다. 필자는 기독교를 열렬히 비판하는 30대의 남성과 1년 동안 논쟁하고 기도하며 무신론과 싸워나갔습니다. 그 결과 그는 예수를 구주로 영접하였고 지금은 교회에서 피아노 반주자로 봉사하고 있습니다.

감정적이며 전략적인 전도훈련만으로 불신자를 전도하는 것은 분명

한계가 있습니다. 우리는 현대 무신론과의 전쟁에서 신학적으로 그리고 논리적으로 이겨야합니다. 본서는 이러한 시대적 요청에 부응하기 위해 쓰여졌습니다. 어려운 조직신학과 종교철학을 평신도들이 이해하기 쉽도록 이야기 형식으로 전개했습니다. 필자는 불신자들의 다양한 질문에 대한 그 모든 해답을 제공하려고 최선을 다했습니다. 이제는 무신론과 진화론으로 기독교를 대항하는 그 모든 공격에 담대하게 맞서십시오! 이 책을 통해 기독교 신앙의 진실성을 불신하는 사람들에게 예수의 복음을 자신 있게 소개하십시오. 이 책이 21세기 한국교회의 전도의 문을 여는 열쇠가 되기를 간절히 소망합니다.

지난 3년 동안 보이지 않는 곳에서 중동중앙교회의 개척을 후원해 주신 교회들이 있습니다. 이들 교회의 후원이 없었더라면 아마도 이 책은 세상에 나오지 못했을 것입니다. 그 분들께 진심어린 감사를 드립니다. 또한 부족한 저와 함께 개척교회를 섬기며 하나님께 헌신하는 사랑하는 중동중앙교회 성도님들께도 감사를 드립니다.

이 책의 원고교정을 위해 정성을 다해준 박정규 전도사님, 이정은 전도사님, 그리고 김사라 성도님께도 고마운 마음을 전하고 싶습니다.

출판의 편집을 위해 수고해주신 송우진 목사님, 그리고 출판된 책의 유통을 맡아주신 황성연 권사님(하늘유통), 그리고 책의 편집과 디자인을 맡아준 정영수 자매님께도 깊은 감사를 드립니다.

또한 이 책을 읽고 기꺼이 아낌없는 추천을 해주신 장로회신학대학교 김명용 교수님, 서울신학대학교 목창균 총장님, 전 교회성장연구소장 명성훈 목사님, CCC 한국대표 박성민 목사님, 사랑의교회 오정현 목사님, 나사렛대학교 임승안 총장님, 명지대학교 정근모 총장님, 한국기독교총연합회장 최성규 목사님께 깊은 감사를 드립니다.

마지막으로 이 책이 나오기까지 곁에서 기도로 후원해주신 부모님과 사랑과 인내로 격려해준 가족들에게 감사한 마음을 전하고 싶습니다.

나의 사랑, 나의 예수님! 감사합니다!

부천 중동에서 정성민 목사

## 힘 있고 논리성이 탁월한 변증서

이 책은 매우 훌륭한 기독교 변증서이다. 저자는 기독교의 중요한 교의들을 매우 논리적으로 일반인들이 이해할 수 있는 방식으로 설득력 있게 설명하고 있다. 하나님의 창조하심에서부터 예수 그리스도를 통한 구원의 유일성 및 기적과 천국의 존재까지 매우 힘 있는 논리로 그 타당성을 설명하고 있는 좋은 책이다. 기독교 신앙에 대한 불신이 강한 오늘의 한국사회에 꼭 필요한 책이고 많은 사람들이 기독교 선교를 위해 사용하도록 권할만한 좋은 책이다. 이 책이 많이 읽혀서 복음 선교에 크게 도움이 되길 바란다.

– **김명용** 박사 (한국조직신학회장, 장로회신학대학교 교수)

## 무신론과 이단 종교에 맞설 강력한 변증서

"예수! 그가 다가온다."는 무신론과 이단 종교에 맞설 강력한 대응책입니다. 저자는 실제 경험을 바탕으로 논리적이고 합리적인 설명을 통해 창조와 진화, 기적, 천국, 성령, 마귀 등 성경적 내용에 대한 궁금증들을 아주 쉽게 풀어줍니다. 목회자로서 신학대학의 교수로서 현대인들에게 어떻게 예수를 전할까 고민한 저자의 결과물입니다. 새 신자는 물론 신앙생활을 오래한 신자도 읽어야할 필독서로 또한 평신도교육을 위한 교재로 이 책을 추천합니다.

– **김장환** 목사 (전 침례교세계연맹 총회장, 현 극동방송 사장)

## 목회사역과 신학교 사역이 하나로 어우러진 걸작품

"예수! 그가 다가온다."는 정성민교수의 개척교회를 통한 목회사역과 신학교 사역이 하나로 어우러져 결실을 맺은 하나의 걸 작품입니다. 이 책은 목회현장과 신학대학의 신학적 전문성을 완벽하게 조화시켜 현대기독교의 나아갈 방향을 분명히 제시하고 있습니다. 또한 이 책은 논리적으로 따지면서 기독교신앙을 거부하는 불신자들에게 당당하게 전도할 수 있는 확실한 기독교적 논리를 제공하고 있습니다. 저는 여러분이 평소에 가졌던 기독교에 대한 궁금증을 이 책이 속 시원하게 풀어줄 것을 확신합니다.

— **목창균** 박사 (서울신학대학교 총장)

## 어떠한 불신자도 저항할 수 없는 강력한 변증서

21세기의 한국교회는 불신자를 전도하는 데에 큰 어려움을 겪고 있습니다. 이러한 시점에서 정성민 교수는 불신자를 강력하게 설득할 수 있는 "예수! 그가 다가온다."라는 기독교 변증서를 저술하였습니다. 당신은 이 책을 읽으시면 불신자의 어떠한 질문에도 답할 수 있을 것입니다. 이제 과학적으로 그리고 철학적으로 따지는 사람들에게조차도 자신감을 가지고 전도할 수 있을 것입니다. 이 책은 "다빈치코드"와 "예수는 없다"와 같이 기독교 신앙을 부인하고 왜곡하는 책들의 도전에 대한 확실하고 강력한 응답입니다. 저는 이 책을 교회의 부흥과 성장을 갈망하는 한국교회에 기쁜 마음으로 추천합니다.

— **명성훈** 박사 (전 교회성장연구소장, 성시교회 담임목사)

## 최고의 요리사가 만든 최고급요리와 같은 책

정성민 교수의 "예수! 그가 다가온다."는 성경적 예수 그리스도를 현대 신학과 변증학을 통해 포스트모던 시대를 살고 있는 인간들에게 깊으면서도 쉽게 전하고 있는 책이다. 우리의 식탁 속에 편안하게 새로운 맛을 더하며 다가오는 최고급 요리사가 만든 휴전(fusion) 음식과 이 책을 비유하고 싶다. 이 땅에 기독교의 부흥과 성장을 갈망하는 한국교회와 그 모든 선교단체들에 강력하게 추천한다.

— **박성민** 박사 (CCC 한국대표, 미국 킹스 칼리지 부총장)

## 생명에 대한 열정이 가득한 책

"예수! 그가 다가온다."는 생명에 대한 열정이 복음적 지성을 옷입고 만개(滿開)한 책입니다. 정성민 교수는 목회경험을 통해 한 영혼의 소중함과 존귀함을 아는 분입니다.  세상의 거센 도전 앞에서 더 이상 위축되지 않는 당당한 성도와 교회의 모습이 이 책이 제시하는 비전입니다. "예수! 그가 다가온다."는 초신자 뿐만 아니라 기존성도들의 기독교에 대한 궁금증과 회의적인 생각들을 깊이 있는 성숙한 신앙으로 전환시킬 수 있는 책입니다. 세상이 감당 못할 새로운 세대를 꿈꾸는 당신에게 이 책을 권합니다.

— **오정현** 목사 (사랑의 교회 담임목사)

"예수! 그가 다가온다."는 기독교의 핵심적인 가르침들에 관한 해설서입니다. 그리스도인들이 이 책을 읽게 되면 하나님, 인간, 교회, 등에 관련된 중심적인 주제들에 대한 이해에 큰 도움을 받게 될 것입니다. 이천년 기독교 역사를 통하여 교회와 사회가 동시에 중시하였던 교리를 복음주의적 입장에서 성경에 근거하여 논리적으로 풀어주고 있기 때문입니다.

예수 그가 다가온다는 기독교의 근본인 복음에 근거한 설교집입니다. 설교는 설명이 아니고 선포라고 한다면, 이 책은 분명히 한 편의 힘 있는 설교입니다. 인간이 보편적으로 품고 있는 죄, 행복, 사후의 세계 등에 관한 문제들이 예수 그리스도의 십자가의 대속의 은총으로 인하여 온전하게 해결될 수 있다는 "기쁜 소식", 즉 복음(福音, Good News)을 확신 있게 선언하고 있기 때문입니다.

이처럼, 예수 그가 다가온다는 21세기 기독교 변증서입니다. 지구와 인간은 어떻게 존재하게 되었는가? 진리란 무엇인가? 과학은 진리의 교과서인가? 성삼위일체 하나님은 누구이신가? 다원주의와 세속적 가치관에 익숙한 현대인들이 인간이 보편적으로 품을 수 있는 질문들에 대하여 저자는 신앙에 근거한 합리적인 논리와 실제적인 사례들을 통하여 설득력 있게 답변을 하고 있습니다.

— **임승안** 박사 (나사렛대학교 총장)

## 우리의 영적이성을 열어주는 책

예수님께서는 보혜사 성령이 오시면 자신의 가르침을 제자들이 명확하게 깨닫게 될 것이라고 하셨습니다. 성령님은 지혜의 영이십니다. 성령을 받게 되면 권능을 갖고 하나님의 일을 할 수 있습니다. 성령 충만한 사람은 하나님의 말씀을 모르고 믿는 성도가 아니라 오히려 하늘로부터 오는 신령한 지혜로 충만한 사람입니다. 이 책은 다시 성경을 열게 하고, 우리의 이성을 열어 줄 것입니다. 그리고 그 둘의 만남을 경험하게 할 것입니다. 그래서 더 높은 차원의 신앙으로 통하는 문을 열어 줄 것입니다. 이 책을 통해 영의 문을 열어 권능 있는 믿음의 놀라움을 체험하십시오.

— **정근모** 박사 (명지대학교 총장, 전 과학기술처장관)

## 하나님의 코드에 맞춘 성경적 변증서

세상에서 가장 강력한 수식어는 "성경적" 입니다. 성경은 인간의 그 모든 것을 포함하며 능가하는 초월적인 책입니다. 우리가 이러한 사실을 겸허히 받아들이고 접근할 때, 성경은 하나님이 계시하는 범위에서 무한한 진리를 우리에게 열어주십니다. 이 책은 성경적인 변증서라고 생각합니다. 성경이 말하는 것을 말하고 침묵하는 것에 침묵할 줄 아는 성경적인 책이라고 생각합니다. 인간의 호기심에 기준을 맞추어 추측과 가설로 무책임한 변론을 내놓는 것이 아니라 하나님의 의도에 코드를 맞추어 우리의 자세와 태도를 돌아보게 하는 책의 내용과 구성은 너무나 바람직하다고 생각합니다. 그런 의미에서 이 책을 기쁜 마음으로 여러분에게 추천합니다.

— **최성규** 목사 (한국기독교총연합회장, 성산효도대학교 총장, 인천순복음교회 담임목사)

\* 추천인은 가나다순

# 정성민의 "예수! 그가 다가온다."를 읽고

정성민 박사의 "예수! 그가 다가온다."를 읽기 전에 두 가지 우리의 선입관을 지울 필요가 있다. 첫째, 기독교변증서는 어렵고, 어려워야한다는 선입관과 둘째, 교리나 변증은 재미있기가 어렵다는 선입관이다. 그런 점에서 이 책은 무척 예외적인 변증서이다. 어려운 기독교 교리들을 쉽고 재미있게 풀어내고 있다는 점에선 전무후무하다고나 할까? 청소년 부흥집회 주제와 같은 제목을 통해 정 박사는 예수이야기를 변증하고 있다.

마음만 먹으면 "예수! 그가 다가온다."를 일독하는 데 그리 많은 시간이 필요 없다. 정성민 박사의 간결하면서도 호소력 있는 필체로 인해 책장을 넘기기가 무척 쉽기 때문이다. 그리고 키에르케고르의 실존철학 이해도 일목요연하게 전달이 된다.

"예수! 그가 다가온다."는 그동안 많은 일반인들이 한 번 즈음은 궁금했고 고민스러워 했던 주제들을 12가지의 균형 잡힌 물음을 빌어 체계적으로 소개한 변증서이며, 문제의 핵심을 찌르는 저자의 통찰력과 신학전반에 대한 해박함의 깊이로 예수를 소개하는 교리서다.

오늘 한국교회의 위기 가운데 하나를 든다면, 강렬한 열정과 왕성한 활동에 비해 진지한 믿음의 성찰과 진리를 향한 구도적 물음이 없다는 사실이다. 하나님을 알고, 예수를 알고, 기독교를 알고, 교회를 알고, 믿음을 알아가려는 한국교회의 보다 진지한 노력에 정성민 박사의 "예수! 그가 다가온다."는 귀한 출발점을 제공해 줄 것이다.

— **이승준** 박사 (Ph.D. 한경직목사기념사업회 연구목사)

Creation or evolution,
which one is true?

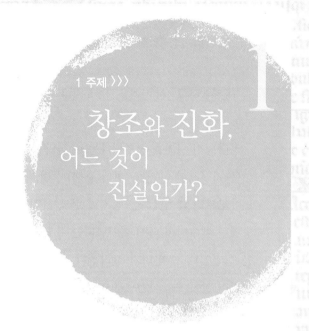

1 주제 >>>

# 창조와 진화, 어느 것이 진실인가?

바다가 갈라진다거나 처녀가 아이를 낳는다거나 죽은 사람이 살아나는 사건보다 더

욱 놀라운 사건은 이 세상이 누군가에 의하여 처음으로 만들어지고 창조되었다는 사

건이 아닐까요?

하나님이 천지를 창조했다는 이 놀라운 말씀은 성경에 나타나는 다른 모든 기적적인

사건들 — 바다(홍해)가 갈라진 사건, 예수님이 처녀인 마리아로부터 태어났다는 동

정녀 탄생 사건, 심지어 십자가에 못 박혀 사망했던 예수님이 다시 살아났다는 부활

사건 — 을 뛰어넘는 더욱 더 놀라운 선언입니다.

기독교는 하나님의 천지창조를 가르칩니다. 성경의 제일 앞 부분에 나타나는 첫 선언이 바로 천지창조에 관한 이야기입니다.

"태초에 하나님이 천지를 창조하시니라" (창세기 1:1)

하나님이 천지를 창조했다는 이 놀라운 말씀은 성경에 나타나는 다른 모든 기적적인 사건들 - 바다(홍해)가 갈라진 사건, 예수님이 처녀인 마리아로부터 태어났다는 동정녀 탄생 사건, 심지어 십자가에 못 박혀 사망했던 예수님이 다시 살아났다는 부활사건 - 을 뛰어넘는 더욱 더 놀라운 선언입니다. 바다가 갈라진다거나 처녀가 아이를 낳는다거나 죽은 사람이 살아나는 사건보다 더욱 놀라운 사건은 이 세상이 누군가에 의하여 처음으로 만들어지고 창조되었다는 사건이 아닐까요?

따라서 성경에 기록된 창조사건을 바르게 이해하는 것은 매우 중요합니다. 이러한 천지창조에 대한 수용 여부는 성경을 읽는 사람으로 하여금 성경 전체에 대한 이해와 태도를 결정하게 한다고 해도 과언이 아닐 것입니다.

그런데 문제는 과학중심적인 현대인의 눈에는 성경이 말하고 있는 창조론이 너무나 비합리적일 뿐만 아니라 맹목적으로 보인다는 사실입니다. 과학은 자연을 관찰하고 실험하여 검증이 된 것만을 진리로 받아들입니다. '관찰과 실험'을 통해 대상을 인식합니다. 따라서 과학은 반복적으로 관찰하거나 실험 할 수 없는 초자연적인 사건들을 진리로 받아들일 수 없습니다. 이것이 바로 과학이 가지고 있는 구조적인 한계입니다.

그렇기 때문에 우리는 '과학적'이라는 말과 '초과학적'이라는 말을 분명하게 구분해야 합니다. 과학적이라는 말은 우선 어떤 대상이나 사건이 과학적인 테두리 안에서 관찰되고 반복적으로 실험 가능하다는 것을 뜻합니다. 반면 과학적으로 관찰하거나 분석할 수 없는 것, 즉 과학의 범위 밖에 있는 것이 분명 존재합니다. 우리는 그것을 '초과학적'이라고 부릅니다. 그러므로 어떤 사건이 과학적으로 증명되지 않았다고 해서 거짓이라고 단정 지을 수는 없습니다.

성경에 기록되어 있는 기적들은 현대인의 과학적인 눈으로 검증할 수 없는 초자연적, 초과학적 사건들입니다. 그 놀라운 사건들은 성경이 기록되어진 시기 이전에 벌어진 사건이기 때문에 과학적인 검증이나 실험이 불가능합니다. 즉 성경에서 말하는 초자연적인 사건들은 과학적 탐구의 영역을 넘어섭니다. 성경에 소개되고 있는 많은 기적들이 단지 신앙을 통해서만 받아들여지는 이유가 바로 여기에 있습니다.

이렇듯 과학과 신앙은 근본적으로 어떤 대상을 이해하는 방법에 커다란 차이가 있습니다. 따라서 과학의 잣대로 신앙을, 혹은 신앙의 잣대로 과학을 평가하는 것은 근본적으로 문제가 있습니다.

세상에는 다양한 현상과 사건과 문제가 존재합니다. 이것을 지나치게 신앙적 측면으로만 바라보면 '미신적인 신앙'에 이르게 됩니다. 반면 모든 것을 과학적인 관점으로만 바라보면 '냉랭한 이성적 세계관'에 사로잡히게 됩니다. 결국 이러한 냉랭한 이성적 세계관은 하나님의 존재와 신앙의 의미를 부정하는 메마른 인간상을 만들게 됩니다.

현대 과학교육에 의해 절대적인 진리인 것처럼 반복적으로 학습되어 온 '진화론'은 오직 '과학주의'에 입각한 주장처럼 보입니다. 하지만 과학 제일주의처럼 보이는 진화론 역시 세상이 우연히 발생하여 진화했다고 믿는 '비합리적인 신앙'에 바탕을 두고 있습니다. 이 사실은 대단히 아이러니하지 않을 수 없습니다. 그러면서도 현대인들은 과학 외에는 그 어떤 것도 진리로 믿을 수 없다는 극단적인 자세를 취하고 있습니다.

## 창조론과 진화론

### 1. 과학은 진리가 아닙니다.

기술의 지배 아래 살고 있는 현대인들은 합리적인 과학적 사고를 절대시합니다. 따라서 현대인들에게 과학은 또 다른 신앙의 대상이며 우상입니다. 현대인들은 과학적인 사실 외에는 믿을 것이 하나도 없다고 말합니다. 과학적인 사실만이 변하지 않는 유일한 진리라고 확신합니다. 그러나 과학이 정말 변하지 않는 진리일까요? 만약 변하지 않는 것이 진리라고 생각한다면 유감스럽게도 과학은 진리가 아닙니다. 왜냐하면 과학적인 법칙이나 사실들은 항상 변하기 때문입니다. 18세기에 발견된 뉴턴의 위대한 역학법칙들이 20세기의 아인슈타인의 상대성 원리 앞에서 극히 제한적이고 초라한 법칙으로 전락해 버렸습니다.

아인슈타인은 그의 나이가 스물다섯도 되기 전에 특수상대성이론과 일반상대성이론을 발표하였습니다. 그리하여 그는 20세기의 가장 위대한 과학자가 되었습니다. 그렇지만 그도 나이가 들고 학문의 깊이가 더해질수록 하나님의 존재를 점점 더 강하게 느끼게 되었습니다. "아! 내가 발견한 과학지식이 이렇게 한계가 있는 것인지도 모르고 젊었을 때는 그것을 정말로 안다고 하지 않았던가!"라고 말하면서 그는 신앙이 없는 과학은 절름발이라고 역설하였습니다.

인간의 관찰력에는 한계가 있습니다. 과학은 세상을 창조하는 것이 아니라 어떠한 원리나 이론을 통해 하나님이 창조하신 세상을 설명하고자 하는 작은 시도일 뿐입니다. 따라서 과학이 궁극적으로 알게 되는 것은 '과학이 모든 것을 알 수 있다'는 것이 아니라 '인간이 과학을 통해 알 수 없는 것이 훨씬 더 많다'라는 사실일 뿐입니다.

인간은 과학을 통해 하나님이 창조해 놓으신 자연을 탐구하여 어떠한 원리나 법칙을 발견해 냅니다. 그러나 이러한 과학 이론은 시간이 흐르면서 변화합니다. 그러나 변화하는 과학이론 뒤에는 변하지 않는 진리가 있습니다. 그것은 인간의 양심이나 모성애와 같은 사랑, 그리고 만물을 돌보시는 하나님의 사랑과 은혜입니다. 이러한 진리는 그 어떠한 과학으로도 설명할 수 없습니다.

제임스 진스는 복사열에 대한 물리학의 기본적인 원리인 "진스의 법칙"을 만든 위대한 과학자입니다. 그는 이렇게 고백합니다.

"내가 과학자로 살고 있지만 나와 하나님을 같은 위치에 놓을 수는 없습니다. 나는 하나님께서 만들어 놓으신 이 세상에 대해서 공부할 뿐입니다. 나는 사람입니다. 하나님을 공경하고 하나님께 예배를 드리는 사람일 뿐입니다."

한국이 낳은 위대한 과학자 정근모 박사는 "현대과학을 연구하면 할 수록 나는 삼라만상을 원격조정하고 있는 '보이지 않는 손'을 느껴야 했다"라고 고백합니다. 1979년에 노벨 물리학상을 수상한 파키스탄의 압두스 살람은 그의 수상소감에서 이렇게 말했습니다. "신께 감사를 드립니다. 그 이유는 미천한 나에게 하나님이 만들어 놓은 오묘한 진리의 일부분을 볼 수 있는 눈을 주셨기 때문입니다. 그래서 나는 감사하지 않을 수 없습니다."

많은 과학자들이 위와 같이 고백하고 있습니다. 이렇듯 인간은 과학을 통해 하나님의 위대한 창조를 바라보고, 하나님의 신비를 발견할 수 있습니다. 많은 과학자들이 과학을 연구하면 할 수록 위대한 창조주이신 하나님의 존재를 더욱더 강하게 느낄 수 밖에 없는 것입니다.

성경의 시편에 창조에 대한 놀라운 고백이 기록되어 있습니다.

"내가 이렇게 태어났다는 것이 오묘하고 주께서 하신 일이 놀라워, 이 모든 일로, 내가 주님께 감사드립니다. 내 영혼은 이 사실을 너무도 잘 압니다." (표준새번역, 시 139:4)

## 2. 진화론의 진실은 하나님을 부인하려는 무신론입니다.

진화론은 이 세상이 우연히 생겨났고 그 모든 생명체가 자연적으로 진화되었다고 주장하는 자연과학이론입니다. 이것은 창조론을 정면으로 부정할 뿐만 아니라 하나님의 존재마저도 부정해버리는 무신론적 과학입니다. 그런데 재미있는 것은 진화론을 자세히 살펴보면 그것은 일종의 신앙행위임을 우리는 알 수 있습니다. 진화론은 우연을 믿는 신앙입니다. 우연이라는 신앙위에 진화라는 과학적 논리를 전개합니다. 결

과적으로 진화론의 과학적인 논리는 5가지 결론에 도달하게 됩니다.[1]

그리고 그것은 성경의 내용과 상충되고 있음을 알 수 있습니다.

| 진화론 | 성 경 |
|---|---|
| ● 하나님이 존재한다는 증거가 없다. | ● 하나님은 자신을 알리셨다<br>(롬 1:20) 창세로부터 그의 보이지 아니하는 것들 곧 그의 영원하신 능력과 신성이 그 만드신 만물에 분명히 보여 알게 되나니 그러므로 저희가 핑계치 못할찌니라. |
| ● 사후의 세계가 없다. | ● 죽음 이후의 세계가 있다.<br>(히 9:27) 한번 죽는 것은 사람에게 정하신 것이요 그 후에는 심판이 있으리니 |
| ● 윤리의 절대적인 토대가 없다. | ● 복음이 삶의 윤리적 기준이다.<br>(빌 1:27) 오직 너희는 그리스도 복음에 합당하게 생활하라. |
| ● 삶의 궁극적인 의미가 없다. | ● 그리스도인들은 하나님의 자녀요, 왕같은 제사장이다.(벧전 2:9)<br>오직 너희는 택하신 족속이요 왕같은 제사장들이요 거룩한 나라요 그의 소유된 백성이니. |
| ● 인간에게는 진정한 자유는 없다. | ● 예수님이 참 자유를 주신다.<br>(요 8:36) 그러므로 아들이 너희를 자유케 하면 너희가 참으로 자유하리라. |

이러한 논쟁은 모든 것들의 최초의 원인에 대한 것입니다. 진화론은 세상의 모든 것들을 발생시킨 첫 번째 원인이 우연히 생겨났다고 주장합니다. 그들은 '우연'이란 가설 위에서 진화의 논리를 전개합니다. 그러나 이러한 최초의 원인에 대한 진화론의 주장은 그야말로 단순한 주장이며, 하나의 '가설'에 불과합니다.

그 이유를 살펴볼까요. 과학이란 철저하게 '인과율'의 법칙 위에서 전개되는 학문입니다. '인과율'이란 분명한 원인이 발생하면 결과적으로 다른 상태가 필연적으로 일어난다는 '원인과 결과'의 법칙이지요. 그런데 진화론은 최초의 원인이 오직 '우연'하게 발생했다는 비과학적 태도를 보이고 있습니다.

우리는 이러한 모순을 우주의 생성이론인 우주 대폭발이론(Big bang theory)을 통해서 알 수 있습니다.[2]

오늘날의 과학자들은 우주가 원초원자상태에서 대폭발을 하면서 발생되었다고 주장합니다. 이 이론에 대해 설명해 보겠습니다. 원초원자가 어느 순간 대폭발을 일으켜 사방으로 흩어지기 시작하였습니다. 폭발 후 곧 중성자는 양성자와 전자로 분리되고, 양성자와 중성자들은 결합해서 중원소의 원자핵이 되었습니다. 이것이 냉각된 후 양성자와 원자핵들은 자유공간에서 돌아다니는 전자들을 포착해서 현재의 우주를 구성하는 수소원자와 기타 원자들이 생긴 것입니다. 이러한 원자들이 성운을 형성하고 중력에 의해 수축하여 별들이 탄생하게 되었다는 것이 바로 '우주 대폭발이론'입니다.

그러나 이것은 몇 가지 문제를 가지고 있습니다. 실제로 우리는 우주 대폭발이 일어났는지를 알 수 없습니다. 또한 폭발 전의 고밀도의 덩어리인 최초의 원자가 어디서 왔는지를 설명할 수 없습니다. 아무런 원인이 없는 우주 대폭발에 대한 주장은 터무니 없는 억지에 불과하지요.[3]

과학의 기본 원리인 '인과율'에 의한 설명이 아니기 때문입니다. 따라서 이 이론은 최초의 물질의 원인인 원초원자를 설명해 낼 때 가능해집니다. 우주 대폭발이론은 하나님이 그 최초의 원인이 되는 원초원자를 창조하신 사실을 인정해야만 합니다. 그 때에야 비로소 과학의 근본법칙인 인과율을 만족시킬 수 있습니다.[4]

진화론의 붕괴라는 책을 쓴 스콧 휴스는 이렇게 말합니다. "진화론이 보통 과학적 사실로 인정되고 있는 이유는 그것이 과학적 증거에 의해서 증명될 수 있기 때문이 아닙니다. 단지 하나의 대안인 창조론을 받아들일 수 없기 때문입니다."[5]

이것은 1967년 노벨생리 의학상을 수상한 죠지 왈드의 주장과도 일치합니다. "자연 발생은 이미 100년 전에 가능성이 없다고 판정되었습니다. 따라서 우리에게는 초자연적 창조라는 단 하나의 결론만이 남게 됩니다. 그러나 우리는 개인적인 이유, 특히 철학적 이유 때문에 그것을 받아들일 수 없습니다. 그래서 우리는 불가능한 것을 믿으려고 합니다. 그것은 바로 생명이 우연히 발생되었다는 것입니다."

위와 같이 진화론은 하나님 없는 '우연의 신앙'에 깊이 뿌리 내리고 있습니다. 우연을 믿는 신앙은 창조주는 존재하지 않으며, 세상의 모든 것은 특정한 이유나 목적이 없이 생겨났다고 보는 것입니다. 즉 하나님을 거부하고, 하나님을 과학과 기술로 대신하려는 것이 바로 진화론입니다. 만일 우연이라는 신앙이 깨지면 진화론은 자동적으로 무너지게 되지요.

진화론의 우연적 신앙은 인간에게 '지독한 허무주의'만을 안겨줄 뿐입니다. 이 이론에서 인간은 우연히 생겨나서 세상에 '던져진 존재'에 불과합니다. 이들에게 가장 당혹스러운 질문은 오랜 역사 동안 인간들이 가지고 있었던 자기 정체성에 대한 것입니다. 진화론은 인간은 왜 태어났으며, 왜 사랑하며 살아야 하는지, 왜 세상의 다른 존재자들과는 다른 독특한 가치를 지니고 있는지, 왜 윤리적으로 살아야 하는지에 전혀 대답할 수 없습니다.

반면 창조론은 필연이라는 신앙의 기초 위에 있습니다. 필연은 세상과 인간이 하나님의 계획과 목적 아래 창조되었다는 믿음입니다. 창조론적인 인간 이해는 위의 '왜'라는 질문에 대답할 수 있습니다. 인간은 창조주의 계획과 목적에 의해서 특별히 창조된 존재이기 때문입니다. 요즈음 세상에서 유행하는 기독교 복음성가가 있습니다. 하나님을 알지 못하는 사람들도 이 노래를 즐겨 부르지요. 바로 "당신은 사랑받기 위해 태어난 사람"이라는 노래입니다. 이것은 필연의 신앙, 즉 의미와 목적이 있는 인생을 노래하고 있습니다. 과학적이며 무신론적인 것을 믿는 사람들조차도 자신의 존재에 관해서만은 필연성과 의미와 목적을 갖기를 원하는 것이 분명합니다. 정말 아이러니하지 않습니까?

중요한 것은 '진화(우연) 혹은 창조(필연)' 둘 중에 하나만 진실이라는 것입니다. 죠지 왈드는 이렇게 말합니다. "이 땅 위의 생명의 기원에 대해 언급할 때 우리에게는 두 개의 가능성만이 있습니다. 그것은 창조아니면 자연발생입니다. 이 외의 또 다른 가능성은 있을 수 없습니다."

복잡하면서도 질서 정연한 세계는 하나님의 창조의 신비를 증명하는 증거물이라고 할 수 있습니다. 이것이 바로 가장 합리적이고 이성적인 결론입니다. 전능하신 하나님께서 특정한 목적을 가지고, 지혜와 능력으로 이 세계와 우리 인간을 만드셨습니다. 결코 우연에 의한 것이 아닙니다. 그분의 계획과 목적 아래 창조된 필연적인 것입니다. 그 필연은 지혜와 인격을 가진 초월적인 창조주가 존재함을 반증하고 있습니다.

위대한 과학자 뉴턴이 남긴 말 중에 아주 유명한 말이 있습니다. "내가 다른 사람보다 멀리 보았다면 그것은 내가 거인의 어깨 위에 서 있었기 때문이다." 뉴턴은 하나님을 절대적으로 믿는 독실한 기독교인이었습니다. 그래서 그는 하나님의 어깨 위에서 자연을 바라볼 수 있었습니다. 그는 하나님의 어깨 위에 서서 만유인력의 법칙, 운동의 법칙, 프리즘을 이용한 광학의 실험, 이항정리의 발견, 미적분학의 발견 등을 착상하였습니다.

그에 관해 잘 알려진 이야기가 있습니다. 창조론을 부인하는 무신론자 친구를 전도한 이야기입니다. 그는 태양계의 축소판 모델을 만들었습니다. 복판에 있는 태양은 금색을 칠한 큰 공으로 만들어 달아놓았습니다. 그리고는 그 주위에 막대기를 연결하고 톱니바퀴와 벨트를 사용하여 수성, 화성, 지구, 목성 등이 태양 주위를 정확하게 회전하도록 만들었습니다. 하루는 뉴턴이 그 모델을 들여다보고 있는데 창조론을 믿지 않는 친구가 방문했습니다. 그 친구가 뉴턴에게 물었습니다. "뉴턴, 참 정교하게 만들었군! 누가 만들었나?" 뉴턴은 천연덕스럽게 대답했습니다. "아무도 만든 사람이 없네!" "아니, 만든 사람이 없다고?" "그래,

내가 만든 사람이 없다고 대답했네. 공처럼 생긴 모든 위성들, 톱니바퀴, 혁대들, 또 정확한 시간에 정해진 궤도를 도는 것 등 전부가 저절로 우연히 생겼지. 이것이 믿어지나?" 친구는 이 사건을 통해 창조주 하나님을 이해하게 되었다고 합니다.

"하늘은 하나님의 영광을 선포하고 그 궁창은 그의 솜씨를 보여 주도다" (시편 19:1).

동물들의 회귀본능과 모성애의 본능은 진화론이 설명할 수 없습니다. 연어와 기러기 등의 회귀본능은 진화될 수 없는 하나님이 주신 귀하고 값진 선물입니다. 우리나라 연어에 관한 기록입니다.

연어.. 연어는 삶 자체가 너무나도 아름다운 고기입니다. 강한 회귀 본능과 아름다운 모성의 상징으로 여겨지는 고기이죠. 별로 평화롭게 살지도 않아 보이는 비둘기가 평화의 상징이라고 하지만, 연어의 상징은 참으로 사실적인 것이라는 생각이 듭니다. 우리나라 양양 남대천으로 올라오는 연어는 첨연어입니다. 첨 연어는 육지의 강에서 부화하여 어린 시절 바다로 나가 멀리 알라스카까지 갔다가, 다시 그 머나먼 대양을 돌아 원래의 고향으로 돌아옵니다. 온갖 난관을 뚫고 상처투성이의 몸으로 강을 찾은 연어들은 자갈을 파 산란하고 죽어가죠. 상류를 찾아 험한 폭포를 뛰어넘는 연어의 모습은 정말 감동적일 수밖에 없습니다.

또한 인간의 양심이 하나님의 창조의 신비를 증거 합니다. 세계의 모든 민족들은 각각 다른 문화를 가집니다. 각기 다른 언어와 생활습관을 가집니다. 하지만 모든 문화의 내면이나 동기는 같습니다. 피를 흘리면 죽는다고 생각하고, 죽이거나 죽는 것은 슬픈 것이라고 생각합니다. 지난 2003년 미국의 이라크 전쟁 때 있었던 일입니다. 한 이라크 아이가 폭탄이 떨어지면서 순식간에 사라져버린 아버지를 찾아 울고 있는 장면이 텔레비전을 통해 세계에 방영되었습니다. 그 어린아이의 이마에서 피가 흐르고 있었습니다. 바로 그 다음날 세계 곳곳에서 미국의 전쟁을 반대하는 시위가 불같이 일어났습니다. 왜냐하면 텔레비전을 본 세계의 모든 사람들의 양심이 거의 똑같이 느꼈기 때문입니다. 그래서 필자는 양심이 세계 공통언어라고 생각합니다. 양심은 하나님이 온 인류에게 주신 신비한 이성입니다.

이제 우리는 저 신비한 우주와 오묘한 자연을 바라보면서 하나님을 의식해야 합니다. 우리의 내면 깊은 곳에서 우러나오는 하나님에 대한 동경심과 경외감을 드러내야 합니다. 이것이 바로 하나님의 위대하심에 대한 피조물들의 예의입니다. 하나님은 우리에게 지혜를 주셔서 하나님의 자연의 진리를 깨닫게 하십니다.

## 과학과 신학

### 1. 과학과 신학은 대립되는가?

이 질문의 대답은 '서로 대립되지 않는다.' 입니다. 만약 우리가 과학과 기독교 신앙을 동등한 차원에서 비교하면 서로 대립된다고 답할 수 있습니다. 그러나 과학과 신앙은 다른 영역과 차원에 있습니다. 과학은 자연의 신비를 밝히는 인간들의 노력입니다. 반면 신앙은 신비한 자연을 창조한 하나님의 세계를 바라보는 믿음입니다. 그러므로 과학은 자연적인 지식이고 신앙은 초자연적인 지식입니다. 만약 당신이 하나님의 존재를 시인하고 창조론을 받아들인다면, 이제는 과학과 신앙을 혼동하지 마십시오. 초자연적인 지식을 다루는 신앙의 영역을 자연적 지식을 다루는 과학의 영역과 비교하지 마십시오.

여기에서 분명히 알아야 할 것은 진리라고 해도 모두 같은 것은 아니라는 사실입니다. 진리에도 '서열'이 있고 각각의 위치와 기능이 다릅니다. 여기서 '서열'이라는 말은 궁극적인 질문에 대한 접근성을 의미할 뿐 진리들의 높고 낮음, 즉 가치기준을 매기는 것이 아닙니다. 즉 다시 말해 진리에도 서열이 있다는 것은 인간이 품고 있는 자기정체성과 세계에 대한 궁극적인 질문에 얼마만큼 분명하게 대답할 수 있는가를 말하는 것입니다. 위대한 과학자이며 현 명지대 총장인 정근모 박사는 진리의 서열에 관하여 아래와 같이 이야기합니다.[6]

그 첫 번째가 과학적 진리입니다. 인간이 자신의 이성을 통해 신비한 자연을 탐구하는 것입니다. 하나님의 신성이 만물 안에 깃들여 있기 때문에 과학으로 보는 자연은 오묘합니다. 그러나 하나님의 존재에 대한 불신앙으로 자연을 볼 때는 의문투성입니다. 현대인들이 진리라고 여기는 모든 과학적 법칙이나 원리는 인간의 한계적인 지식에 불과한 것입니다.

두 번째 진리는 철학적 진리입니다. 철학은 과학이 발견한 내용을 재료로 삼아 하나님의 존재, 자연의 원리, 인생의 의미, 죽음의 의미 등에 관한 문제들을 논리적으로 추론하는 것입니다. 인간은 합리적인 이성을 가지고 하나님과 인간에 대해 추론합니다. 그러나 철학은 절대자에 대해 묻지만 그 답을 찾지 못합니다.

철학이 궁극적 진리에 대한 해답을 찾지 못할 때 결국 도착하는 곳이 바로 신학입니다. 신학은 인간의 궁극적인 질문에 대해 대답해 줍니다. 또한 인생의 의미와 목적을 깨닫게 해줍니다. 철학은 질문하고 신학은 대답한다는 말의 의미가 바로 이것입니다. 따라서 기독교 신앙의 진리가 가장 높은 서열의 진리입니다.

## 2. 예수 그리스도가 바로 창조 진리의 중심에 있습니다.

예수님은 "내가 곧 길이요 진리요 생명이니 나로 말미암지 않고는 아버지께로 올 자가 없느니라(요 14:6)"고 말합니다. 예수님이 바로 신(하나님)께로 가는 길입니다. 예수님을 만나게 될 때 우리는 하나님을 만나게 됩니다. 그 때 우리는 인생의 의미와 목적을 깨닫게 됩니다. 정근모 박사는 다음과 같이 말합니다.

> "우리가 성경을 공부해야 되는 이유가 바로 여기에 있습니다. 한 단계 높은 총체적인 진리(기독교 진리) 속에서 자리를 올바로 잡을 때, 세상의 진리도 의미를 갖게 됩니다."

앞에서 언급했듯이 과학적인 지식은 변화하는 세상지식입니다. 이것은 진리가 아닙니다. 세기적인 과학자 뉴턴이 말년에 기억상실증에 걸려서 그 많은 지식을 망각해버렸습니다. 답답해하던 제자들이 스승에게 안타깝게 물었습니다. "이제 와서 선생님이 알고 있는 것은 도대체 무엇입니까?" 뉴턴은 여유 있게 대답했습니다. "내가 알고 있는 것은 두 가지네. 하나는 내가 죄인이라는 것, 그리고 다른 하나는 예수께서 내 구주라는 사실이다. 이것 외에 무슨 지식이 더 필요 하겠는가?" 예수를 아는 지식은 세상에서 가장 귀한 것입니다. 이것이 바로 참 진리입니다. 세상이 알 수도 이해할 수도 없는 가장 지혜로운 지식입니다. 무엇과도 비길 수 없는 하늘의 지식입니다.

바울 선생은 과학과 철학을 초등학문으로 여기고 예수 그리스도를 믿는 믿음을 가장 높은 차원의 학문으로 여겼습니다.

"누가 철학과 헛된 속임수로 너희를 노략할까 주의하라 이것이 사람의 유전과 세상의 초등 학문을 좇음이요 그리스도를 좇음이 아니니라." (골 2:8)

따라서 예수를 알면 과학이 보입니다. 예수를 알면 철학이 보입니다.
"진리를 알찌니 진리가 너희를 자유케 하리라." (요 8:32)

예수는 진리의 척도입니다. 만약 당신이 이 세상의 과학과 철학적인 지식이 없더라도 위축되지 마십시오. 예수를 알면 당신은 모든 것을 안 것입니다.

"십자가의 도가 멸망하는 자들에게는 미련한 것이요 구원을 얻는 우리에게는 하나님의 능력이라…. 우리는 십자가에 못 박힌 그리스도를 전하니 유대인에게는 거리끼는 것이요 이방인에게는 미련한 것이로되… 오직 부르심을 입은 자들에게는 유대인이나 헬라인이나 그리스도는 하나님의 능력이요 하나님의 지혜니라." (고전 1:18, 23-24)

그러므로 당신이 예수를 믿게 된 것을 감사하시기 바랍니다. 예수를 아는 지식이 가장 고상하고, 가장 지혜로운 것입니다.

"내가 너희 중에서 예수 그리스도와 그의 십자가에 못 박히신 것 외에는 아무것도 알지 아니하기로 작정하였음이라." (고전 2:2)

1. 현대인들에게 과학은 우상이다. 우리는 이를 과학만능주의라고 부른다.
   그렇다면 과학은 진리인가? 만약 진리가 아니라면 그 이유는 무엇인가?

2. 진화론은 무엇을 주장하는가? 진화론이 지닌 문제점은 무엇인가?

3. 창조론은 과학적인 주장인가? 창조론이 지닌 문제점은 무엇인가?

4. 당신은 창조론과 진화론 중 어느 주장을 선택할 것인가?
   그리고 그 이유는 무엇인가?

5. 과학과 철학 그리고 신학의 관계를 설명하라.

6. 기독교는 예수를 영원한 진리라고 주장한다. 당신은 이 사실은 믿는가?
   만약 믿는다면 그 이유는 무엇인가?

7. 진화론적 태도가 자신의 삶에 미치는 영향은 무엇이라고 생각하는가?

   – 인간의 존엄성 : 왜 인간은 동물과 같은 취급을 당해서는 안되는가?

   – 삶의 의미 : 내 자신이 꼭 살아야 할 이유가 무엇인가?

   – 사회적 윤리 : 사회 윤리의 근거가 무엇인가?
     나는 왜 비윤리적으로 살면 안되는가?

《 성경공부 인도자들에게 모범답안을 제공합니다.
이메일sungjeong@hotmail.com, 홈피 jd.kehc.org, 전화문의 032-664-1544

Can't the good get to heaven?

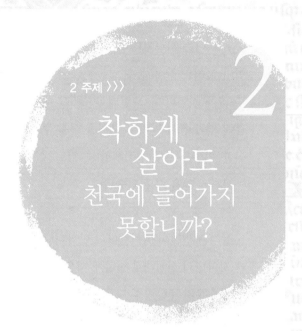

# 착하게
# 살아도
## 천국에 들어가지
## 못합니까?

대부분의 사람들은 원죄의 사건과 죄의 유전성을 믿지 않습니다. 그저 성경에서 만

들어낸 신화로 생각합니다. 또한 죄의 유전으로 인해 모든 인간이 죄인이라는 사실

을 인정하기 어려워합니다. 이렇게 주장하는 기독교를 거부합니다. '당신은 죄인입

니다'라고 설교하는 목사를 싫어합니다. 아마도 현대인들에게는 '죄인들이여, 예수

믿고 구원 받으십시오'라고 외치는 설교보다는 윤리적이고 도덕적인 삶을 살아가라

는 내용의 설교가 더욱 호소력이 있을지도 모르겠습니다.

사실 이 세상에는 선한 사람들이 많이 있습니다. 어쩌면 교회에 다니는 사람보다 더 착하게 살아가는 사람도 있을 것입니다. 또한 법이 없어도 살아갈 수 있을 정도로 깨끗한 양심을 가진 윤리적인 사람도 있을 것입니다. 그런데, 기독교는 아무리 선한 사람이라도 예수님을 통해 죄를 용서 받아야 구원을 얻을 수 있다고 주장합니다. 여러분은 이러한 주장을 도무지 이해할 수 없고, 설령 이해하더라도 이러한 주장에 동의하지 않을 수도 있습니다.

성경은 인간이 타락했다고 말합니다. 최초의 인간인 아담과 하와는 본래 하나님의 형상대로 선하게 지음을 받았습니다. 하지만, 이들은 하나님께 불순종하여 타락의 길을 걷게 되었습니다. 타락한 최초의 인간들은 에덴동산에서 쫓겨났습니다. 그런데 그들이 쫓겨나 살게 된 세상도 그들로 인해 저주를 받았습니다. 서로 믿지 못하고 죽고 죽이며 피를 흘리는 세상이 되어버렸습니다. 인간은 결국 원죄의 굴레에 갇혀버리게 된 것입니다. 이러한 죄성은 지금도 여전히 우리의 삶 가운데 남아있습니다.

아마 여러분은 위와 같은 기독교의 주장에 대해 이렇게 생각하실 수도 있습니다. "과일 하나 따먹은 것이 뭐가 그리 큰 죄란 말인가? 그렇게 유혹적으로 과일을 만들어 놓고 방치한 조물주의 책임은 없는가? 그들이 지은 원죄가 현재를 살아가는 우리들에게 유전된다니, 그게 가능한 말인가?" 혹시 이러한 질문을 던지고 계신가요? 여러분은 기독교에서 말하는 최초 인간의 죄와 그로 인한 죄의 유전성을 증명해주기를 원하실 것입니다. 그러나 우리는 기독교의 원죄를 이 자리에서 직접적으로 증명할 수는 없습니다. 단지 인간 삶의 현실을 통해 인간의 죄악성을 증명할 수 있습니다. 그리고 그것을 통해 아담과 하와의 원죄적 사건을 역사적인 사건으로 유추할 수 있습니다.

본론으로 들어가기 전에 먼저 우리는 기독교가 말하고 있는 '죄'와 '죄의 유전'에 대한 의미를 바르게 이해해야 합니다. 기독교에서 말하는 죄는 하나님께 불순종하는 것입니다.

죄는 인간중심의 단순한 윤리적인 죄 보다는 하나님과의 관계성의 파괴를 의미합니다. 따라서 하나님이 정해놓으신 길에서 벗어난 것이 바로 죄입니다. 아담과 하와의 불순종의 죄는 그들의 후손인 우리들에게도 영향을 미쳤습니다. 아담과 하와가 지은 죄를 '원죄'라고 부르며, 그들의 죄가 인류에게 그대로 전달되는 것을 '죄의 유전'이라고 부릅니다.

그런데 대부분의 사람들은 원죄의 사건과 죄의 유전성을 믿지 않습니다. 그저 성경에서 만들어낸 신화로 생각합니다. 또한 죄의 유전으로 인해 모든 인간이 죄인이라는 사실을 인정하기 어려워합니다. 이렇게 주장하는 기독교를 거부합니다. '당신은 죄인입니다'라고 설교하는 목사를 싫어합니다. 아마도 현대인들에게는 '죄인들이여, 예수 믿고 구원 받으십시오'라고 외치는 설교보다는 윤리적이고 도덕적인 삶을 살아가라는 내용의 설교가 더욱 호소력이 있을지도 모르겠습니다.

그래서 이제 우리는 세상의 타락함을 통해 죄의 존재와 유전성을 증명할 것입니다. 동물의 세계 속에, 인간사회 속에, 국제사회 속에 타락과 부패가 만연되어 있음을 볼 것입니다. 인간의 윤리와 도덕은 그 자체로 인간의 선함을 보장하지 못합니다. 우리는 이것을 결코 거부할 수 없습니다.

## 1. 죄로 인해 선한 것을 선택할 능력을 상실한 세상의 모습을 보십시오.

먼저 동물의 세계를 봅시다. 동물 세계의 원리는 약육강식입니다. 밀림의 왕 사자는 얼룩 말, 사슴, 코끼리, 물소 등을 닥치는 대로 잡아먹습니다. 그런데 사자가 어미보다는 새끼를, 건강한 먹이보다는 상처입어 다리를 저는 먹이를 택한다는 것은 잔인하기 짝이 없습니다. 어쩌면 그러한 야비한 수를 쓴다는 것은 동물의 왕 사자의 체면을 구기는 것 같습니다. 그러나 이러한 비열한 사자를 누구도 비난할 수 없습니다. 사자에게 새끼를 빼앗긴 어미 물소는 어쩔 줄 몰라 이리 뛰고 저리 뛰어봅니다. 그러나 다른 물소들은 그냥 바라만 보고 있습니다. 사실 서로 힘을 합치면 아무리 힘센 사자라도 이길 수 있는데 말입니다. 먹이사슬의 연결고리는 너무나 비참합니다. 정말 참혹한 동물의 세계입니다.

이제는 인간사회를 봅시다. 1차 세계대전까지만 해도 사람들은 '인간'에 대해 낙관적으로 생각했습니다. 인간은 선하며 능력이 있기 때문에 인간 스스로의 힘으로 이 땅에 파라다이스를 만들 수 있다고 믿었습니다. 그러나 1차 세계대전은 인간에 대한 낙관적 기대를 여지없이 무너뜨렸습니다. 노벨은 본래 평화주의자로서 전쟁을 종식시키려고 다이너마이트를 발명했습니다. 하지만 선한 목적을 위해 발명된 다이너마이트는 1차 세계대전에서 대량 살상무기로 엄청난 위력을 발휘했습니다. 남북전쟁 때, 의사 리처드 개틀링은 "만약 군인 혼자서 백 명의 역할을 해낼 수 있는 총이 있다면, 그 많은 군인들이 전쟁터에서 나가서 죽지 않겠지"라고 생각했습니다. 그래서 그는 회전 통을 중심으로 6개의 총구를 묶고 자동 장전되는 기관총을 만들었습니다. 그러나 그의 의도와는 달리 1분에 350발의 탄환을 발사하는 기관총은 일순간에 수많은 사람을 손쉽게 죽일 수 있는 가장 효과적인 전투용 무기가 되고 말았습니다. 또한 인류는 오직 원자력 발전을 위해서만 우라늄이라는 광물질을 사용했어야 했습니다. 그러나 인간들은 우라늄을 전쟁을 위한 원자폭탄으로 사용하였습니다.

참으로 슬픈 현실입니다. 왜 인간들은 선한 것을 선하게 사용하지 않고 그것을 악용하는지 모르겠습니다. 아무리 인간의 의도가 선하다 할지라도 우리 삶의 현실은 선한 의도대로 되지 않습니다. 왜냐하면 인간이 부패하고 타락하였기 때문입니다. 그래서 우리의 선한 의지는 항상 왜곡되고 맙니다. 우리가 사는 인간 세상도 동물들의 세계만큼이나 절망적인 세계입니다.

다음으로 국제사회를 봅시다. 국제사회는 '힘의 원리'와 '실리주의'라는 두 가지 원리에 의해 지배되고 있습니다. 미국의 패권주의도 바로 이러한 현상 중의 하나입니다. UN의 민주적인 절차보다도 미국의 강압적인 힘이 세계를 지배하고 있습니다. 미국의 입장이 바로 세계의 법이 되는 것이 지금의 세계정세입니다. 두 번째 국제사회를 지배하는 원리는 실리주의인데 이는 모든 나라들이 자국의 이익대로 움직이는 것을 말합니다. 각 나라의 실리에 따라 어제의 우방이 오늘의 원수가 되고, 오늘의 원수가 내일의 우방이 됩니다. 국제사회 속에서 의리나 어떠한 이념은 아무런 문제가 되지 않습니다. 문제가 되는 것은 '각 나라에 무엇이 실질적인 이익이 되는가?'입니다. 예를 들어 볼까요. 현재 대만은 중국의 힘에 의해 소외되고 있습니다. 오랜 기간 동안 대만과 우호적인 외교

관계를 유지해왔던 수많은 나라들이 중국과 경제적 이해관계를 가지려고 대만을 외면하고 있습니다. 힘의 원리와 실리주의에 의해 지배받고 있는 국제사회는 참으로 비정한 세상입니다.

이상(理想)과 현실은 언제나 일치하지 않습니다. 모든 인간들은 이상적인 삶과 이상적인 세계의 모습을 추구합니다. 그러나 이상적인 삶을 추구하면 할수록 오히려 더 비정하고 절망적인 세계의 모습을 발견하게 됩니다. 이상적인 세계를 추구했던 사회주의권 국가들이 오히려 더 잔인한 독재국가를 형성했던 사실은 이러한 이상과 현실의 괴리를 잘 보여주는 산 증거라고 할 수 있습니다. 이러한 일련의 사건들은 결국 죄의 강력한 영향력을 보여주고 있습니다.

결국 우리는 인간 존재에 대해 보다 근본적인 문제에 접근하지 않을 수 없습니다. 그것은 바로 죄인 된 인간의 모습입니다. 인간은 그것이 잘못인 줄 알면서도 죄를 선택하는 부패성을 근본적으로 안고 있습니다. 바로 이것이 성경이 "죄인"이라고 선언한 인간 실존의 모습입니다. 선한 것을 알고 있지만 선을 행할 수 없고 심지어는 선을 선택할 수도 없는 것이 인간의 모습인 것입니다.

한 가지 더 예를 들어보겠습니다. 사회주의 실험이 결국 실패로 끝나고 자본주의가 끝까지 살아남았다는 사실에서 인간이 악한 존재라는 증거를 찾을 수 있습니다. 공산주의 이론 자체는 참으로 매력적이지만 한편으로 너무나 이상적입니다. 인간은 능력이 있어도 자신에게 직접적인 실익이 돌아오지 않는 이상 열심히 일하지 않습니다. 반면 당장 자신에게 필요하지 않더라도 꾸역꾸역 욕심을 내어 쌓아두려고 하는 것이 인간의 속성입니다. 인간을 너무 낙관적으로 보았던 공산주의 이론은 결국 실현되지 못했고 실패하고 말았습니다.

바꿔 말하면, 공산주의는 인간의 악함을 보지 못했습니다. 공산주의는 인간의 게으름과 나태를 보지 못했습니다. 반면 자본주의 국가는 현재 살아남아 번성하고 있습니다. 서로 경쟁을 시켜 놓고, 상대를 밟고 일어서는 자에게 이익이 돌아가도록 해 놓으면 정말 죽도록 일을 합니다. 더욱 심각한 문제는 인간들이 너무 욕심을 낸 나머지 공정한 경쟁이라는 자본주의의 최소한의 예의조차도 파괴하는 경우가 많다는 것입니다.

서로 돕고 살지 못하고, 서로 싸우고 죽여야만 힘이 나고 기쁨이 생기는 이 세상은 참으로 불행한 세상입니다. 이러한 치열한 경쟁사회에서 어느 누가 자신의 선함으로 구원받을 수 있다고 장담할 수 있겠습니까? 인간은 절대 자신의 선행으로 구원받을 수 없습니다.

그러나......

## 2. 절망 속에 핀 소망의 꽃이 있습니다.

19세기 덴마크의 유명한 철학자 키에르케고르는 인간의 실존을 세 단계로 나눴습니다.

첫째는 육적인 단계입니다. 동물적인 본능과 직접적인 감각에 의해 좌우되는 삶, 향락을 목적으로 삼는 삶입니다. 이 단계의 인간은 철저히 자기중심적인 삶을 영위하면서 절망, 권태, 불안과 끊임없는 싸움을 합니다. 이러한 동물적이며 감각적인 삶을 벗어나 자유하길 원하는 자들이 선택하는 것이 바로 윤리적 단계입니다.

인간 실존의 두 번째 단계인 윤리적 단계의 특징은 아이러니입니다. 아이러니는 원래 가장, 변장 또는 가면을 의미합니다. 이것은 모르는 것을 아는 것처럼 행동하는 것입니다. 즉 이 단계의 사람은 도덕적인 삶을 살지 못하면서 그런 척하는 위선적인 삶을 반복하게 되는 것입니다. 인간은 이러한 위선적 삶으로 인해 절망하게 됩니다. 절망은 죽음에 이르는 병입니다. 그러나 동시에 절망은 희망이기도 합니다. 그 이유는 인간은 절망의 끝에서 결국 신의 존재를 찾게 되기 때문입니다.

그래서 우리는 세 번째 단계인 종교의 단계에 다가서게 됩니다. 육적인 단계와 윤리적 단계는 인간 스스로가 도달할 수 있지만, 종교적 단계는 하나님의 은혜로만 가능합니다. 유한한 인간과는 전혀 다른 초월적인 하나님만이 인간들의 절망을 해결할 수 있습니다. 위선적 윤리의 가면을 벗고 하나님 앞에 홀로 서게 된 인간은 그곳에서 예수 그리스도를 만나게 됩니다. 예수 그리스도를 만난 그는 곧 하나님을 경험하게 됩니다.

타락한 인간은 선한 의지만으로는 저주받은 세상에서 벗어날 수 없습니다. 무엇보다 하나님을 떠난 인간은 부패하여 선을 행할 능력이 없습니다. 하나님을 거역한 죄로 인해 저주받은 사회와 세상은 아무런 희망이 없습니다. 우리는 서로 죽고 죽이는 죄악의 현실을 외면할 수 없습니다. 선한 의지도, 선을 행할 능력도 없는 인간은 하나님을 기쁘시게 할 수 없습니다. 그러므로 기독교는 인간의 윤리를 가면과 위선으로 여깁니다. 결과적으로 기독교에서 말하는 구원(하나님께 자신의 죄를 용서받음)은 인간의 윤리를 필요로 하지 않습니다. 오히려 인간의 양심과 윤리가 하나님의 은총을 방해하는 요소가 됩니다.

따라서 예수 그리스도를 구세주로 영접하는 첫 단계는 바로 우리 자신이 죄인임을 고백하는 것입니다. 우리의 선행과 도덕이 하나님의 의로움의 기준에 이르지 못함을 깨달아야 합니다.

### 3. 선행적 삶은 구원받은 사람들의 응답입니다.

그렇다면 기독교인들은 윤리가 필요 없다고 주장해도 되는 것일까요? 기독교인들은 세상의 윤리와 도덕을 무시하는 '도덕폐기론자' 는 아닙니다. 기독교인들도 윤리를 중시한다는 점에서 비(非)기독교인들과 차이는 없습니다. 다만 기독교인은 윤리의 근거를 자신의 인격에 두는 것이 아니라 하나님께 둡니다. 세상 사람들은 윤리의 근거를 자신에게 두기 때문에 인격이 무너지면 윤리도 무너집니다. 그러나 영원히 변치 않는 하나님께 근거를 둔 기독교윤리는 무너지지 않습니다.

또한 기독교 윤리는 예수를 믿고 죄를 용서받은 사람들이 그 사랑에 대해 응답해야할 의무입니다. 그 응답은 바로 하나님을 사랑하고 이웃을 사랑하는 것입니다. 이제는 "이웃을 내 몸과 같이 사랑하라."는 예수님의 말씀을 자발적으로 지켜야 합니다. 윤리적인 삶은 구원을 받기 위한 필요충분조건이 아닙니다. 그것은 구원받은 은혜에 대한 감격과 감사의 응답이고 신앙의 고백입니다.

우리는 이웃이 오리를 가자고 하면 십리를 가고, 겉옷을 달라하면 속옷까지 주며, 오른 뺨을 치면 왼 뺨을 대어주라는 예수님의 말씀을 실천해야 합니다. 그것은 이러한 인간적인 수치와 손해를 하나님께서 갚아주시리라는 믿음 위에 윤리의 근거를 두었기 때문에 가능한 것입니다. 구원받은 이후에 예수님의 사랑을 실천하는 도덕과 윤리는 필연적인 것입니다. 이것은 천국의 상급으로 이어집니다.

결론적으로 말하면 구원을 받고 천국에 가는 것은 우리의 선행이나 행함이 아닙니다. 오직 예수를 믿는 믿음으로 가능합니다. 그러나 구원을 받은 후에 천국에 가서 칭찬과 상급을 받는 것은 우리의 선행적인 삶에 의해 좌우됩니다.

1. 당신의 삶에 가장 큰 영향을 준 인물은 누구이며 이유는 무엇인가?

2. 당신은 죄를 무엇이라고 생각하는가?

3. 스스로를 죄인이라고 인정할 수 있겠는가? 만약 그렇다면 그 이유는 무엇인가? 만약 그렇지 않다면 그 이유는 무엇인가?

4. 자신에게서 발견되는 죄의 유전성에 대해 솔직히 나누어 보라.

5. 우리는 타락한 세상에 살고 있다. 이 세상이 타락하여 저주받은 증거는 무엇인가?

   1) 동물세계를 통한 증거들

   2) 인간사회를 통한 증거들

   3) 국제사회를 통한 증거들

6. 성경은 인간이 자신의 선행으로 구원받을 수 없다고 말한다. 정말로 착하게 살아도 구원을 받을 수 없는 것인가? 인간의 도덕과 윤리의 한계는 무엇인가?

7. 기독교인들은 선하고 착한 삶을 살아야 하는가? 만약 그렇다면 그 이유는 무엇인가?

Can miracles happen here and now?

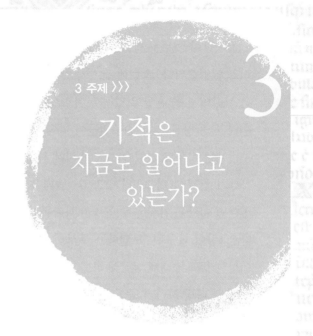

# 기적은 지금도 일어나고 있는가?

기적에는 두 가지 측면이 있습니다. 우리는 기적의 두 가지 측면을 보게 됩니다. 하나는 자연적인 기적이고 다른 하나는 초자연적인 기적입니다. 우주와 만물 그리고 인간을 포함하는 삼라만상이 한 치의 오차도 없이 자연스럽게 유지되는 것이 자연적인 기적입니다. 반면 자연의 순리와 법칙이 그대로 유지되면서 필요에 따라 일시적으로 자연의 법칙을 초월하는 하나님의 간섭이나 개입이 바로 초자연적인 기적입니다. 하나님은 초자연적인 기적을 행하지만 근본적인 자연의 질서와 법칙을 깨뜨리지 않습니다.

## 1. 기적은 우연인가?

칠흑같이 어두운 밤, 빅토리아 여왕의 전용 열차가 장대비를 뚫고 달리고 있었습니다. 그런데 갑자기 강력한 헤드라이트 앞에 검은 옷을 입은 사람이 손을 흔들고 있는 것이 보였습니다. 기관사는 급히 열차를 멈추었고, 차장과 열차 승무원들이 밖에 나가보았습니다. 그러나 기관차 주변에는 아무도 없었습니다. 혹시나 하여 몇 야드 더 가보니 교량 한가운데가 급류에 휩쓸려나가고 없었습니다. 만약 그 이상한 형체가 아니었다면 여왕을 위시한 수백 명의 사람들이 몰살하는 사고가 났을 것입니다. 교량이 복구된 후 열차는 무사히 런던에 도착할 수 있었습니다. 그 이상한 형체에 대해 궁금해 하던 기관사가 기관차를 살피던 중 헤드라이트에 큰 나방 하나가 죽어 붙어있는 것을 발견했습니다. 기관차 안에 들어가 얼른 헤드라이트를 켜보았더니 나방의 모습이 마치 깃발을 흔드는 사람의 형상처럼 보였습니다. 이 사실을 보고받은 여왕은 "그것은 우연한 일이 아니라 하나님이 우리를 지켜주시느라 행하신 일이요"라고 말하며 하나님께 감사를 드렸습니다.

여러분은 이 사건을 우연으로 보십니까? 아니면 하나님이 베풀어주신 기적으로 보십니까? 아마도 대부분의 불신자들은 우연적인 사건으로 볼 것입니다. '빅토리아 여왕이 그 날 매우 운이 좋았구나' 라고 생각할 것입니다. 그렇지만 신앙인들은 전혀 다른 눈으로 이 사건을 바라봅니다. 이것은 우연이 아니라, 분명 하나님이 베풀어 주신 놀라운 기적입니다. 하나님이 우리들을 돌보시고 인도하시는 놀라운 사랑의 손길입니다.

기적은 이 세상에서 벌어지는 아주 흔치 않은 현상입니다. 과학법칙에 상충되는 매우 드문 사건들을 가리켜 기적이라고 말합니다. 대부분의 철학자들도 기적을 "자연법칙을 위반하는 신의 직접적인 행위"라고 생각합니다. 따라서 이러한 정의에서부터 기적에 대한 논의를  시작해볼까 합니다. 기적에 대하여 우리는 다음과 같은 두 가지 질문을 해 볼 수 있습니다.

첫째, 과연 과학을 뛰어넘는, 혹은 과학적 법칙들을 역행하는 초과학적 사건이 발생할 수 있을까요?

둘째, 만약 그러한 초과학적 사건이 발생했다고 가정한다면, 그것은 우연일까요? 아니면 신이 인간사회에 직접적으로 개입하고 있다는 증거일까요?

## 2. 과연 기적은 일어날 수 있는가?

과연 자연 법칙에 위배되는 사건들이 실제로 일어날 수 있을까요? 먼저 '자연법칙'이란 무엇인지 정의해 봅시다. 자연법칙은 세상에 있는 만물들이 일정한 방식으로 작용하는 일반적인 현상입니다. 예를 들면, 봄이 가면 여름이 오고, 여름이 가면 가을이 오는 계절의 일정한 흐름을 들 수 있습니다. 또한 겨울이 오면 춥고 눈이 내리며, 개구리와 곰은 겨울잠을 잡니다. 봄이 오면 새싹이 피어납니다. 쉽게 말하면, 자연의 순리가 자연법칙입니다. 그러나 성경에는 이러한 자연 법칙을 위반하는 많은 기적적 사건들이 기록되어 있습니다.

동정녀가 아기를 낳습니다. 물이 포도주로 변합니다. 죽은 자가 부활합니다. 자연법칙을 가지고는 이러한 사건들의 근거를 전혀 찾을 수 없습니다. 이것은 증명할 수도 없고, 설명할 수도 없는 믿기 어려운 사건입니다.

그러나 여러분! 이렇게 한 번 가정해봅시다. 만약 물이 포도주로 바뀔 수 있는 자연법칙이 발견된다면 어떻게 될까요? 아직 인간이 과학적으로 밝혀 내지 못했을 뿐이지요. 이러한 자연법칙이 밝혀진다면 물이 변하여 포도주가 되는 것은 기적이 아닌 당연한 사건이 될 것입니다. 즉 예수님이 가나의 혼인잔치에서 물을 포도주로 바꾸신 사건을 아무도 이상하게 여기지 않을 것입니다. 결국 자연법칙을 가지고 세상의 모든 사건들을 완전하게 설명할 수 없다는 사실을 우리는 인정하지 않을 수 없을 것입니다.

인간의 과학은 완벽하지 못합니다. 자연법칙도 예외가 아닙니다. 지금까지 밝혀지지 않은 자연법칙이 존재할 가능성이 충분히 있습니다. 또한 현재까지 밝혀진 자연법칙도 완벽한 것이 아닙니다. 뉴턴의 만유인력의 법칙, 아인슈타인의 상대성이론 등이 그동안 수정되거나 폐기되어 왔던 것과 같이 자연법칙이란 얼마든지 변화 가능한 것입니다. 사실, 과학자들조차도 자연법칙의 변화 가능성을 인정하고 있으며, 절대적인 것이 아니라고 말합니다. 따라서 자연세계에서 일어나는 초자연적인 기적을 단지 현재 밝혀진 과학의 잣대로만 평가하여 허무맹랑하다고 단정을 짓는 것은 오히려 비과학적인 행동으로 볼 수 있습니다.

스코틀랜드의 독립운동가 로버트 부르스라는 사람이 도피자로 지낼 때의 일입니다. 어느 날 부르스는 쫓겨서 달아나다가 너무 급한 나머지 산 속 동굴로 피신했습니다. 동굴 속에서 숨을 죽이고 밖을 내다보던 그는 자기 앞에서 거미 한 마리가 열심히 거미줄을 치고 있는 것을 보았습니다. 이윽고 자기를 쫓는 무리가 동굴 입구에까지 들이닥쳤습니다. 그런데 그들은 거미줄이 처져 있는 것을 보고 도주자가 여기엔 들어가지 않았을 것이라고 하며 그냥 지나가 버렸습니다. 그때 부르스는 무릎을 치며 이렇게 고백했습니다. "오, 하나님. 이 작은 거미의 뱃속에 나를 위한 피난처를 마련해 주셨군요. 거미를 통해서 나를 보호해 주시다니, 참으로 감사합니다."

부르스가 경험한 사건은 목격자가 없습니다. 오직 부르스 혼자만 경험한 주관적 사건입니다. 어쩌면 그가 자신의 독실한 신앙심으로 지어낸 이야기일 수도 있습니다. 어떤 이는 성모 마리아상에서 눈물이 흘러내리는 것을 보았다고 말합니다. 혹자는 천사를 보았다고 말합니다. 성서에서 증언된 기적들도 마찬가지로 주관적 경험입니다. 이러한 사건들은 과거에 단 한 번 일어난 사건입니다. 또한 개인 혹은 몇몇의 증언자만 있을 뿐입니다.

불신자들이 지적하는 이러한 개인적인 증언들의 문제점은 '소수의 주관적인 경험'이라는 것입니다. 많은 사람들이 목격하지 않았기 때문에 그 초자연적 사건을 객관적으로 증명할 수가 없다는 것입니다.

하지만 다른 관점에서 기적이 일어나지 않았다는 것을 증명할 수 있는가에 대한 질문도 할 필요가 있습니다. 과거에 단 한 번 일어난 반복될 수 없는 사건을 부정한다는 것도 이치에 맞지 않는 일입니다. 그래서 이러한 기적들에 대한 철학적인 입장은 다음과 같습니다.

"기적은 이성적으로 그리고 과학적으로 이해할 수도 없고, 알 수도 없는 신비한 사건이다."

정리해 봅시다. 그동안 초자연적 기적이 과학법칙에 위배된다고 하여 무시되어 왔습니다. 그러나 이러한 반복 불가능한 기적에 대하여 무조건적으로 사실이 아니라고 단정을 지을 수는 없습니다. 왜냐하면 자연법칙에서 예외적인 사건이 발생될 수도 있기 때문입니다. 또한 그 기적을 거부하는 유일한 기준인 자연법칙이 잘못된 것일 수도 있기 때문입니다.

### 3. 기적은 신의 직접적인 행위입니다.

모든 자연 법칙의 기초는 인과율입니다. 인과율이란 모든 사건과 사물에는 원인과 결과가 있다는 것입니다. 하지만 '기적'은 과학의 눈으로 봤을 때 결과만 있고 그 원인을 발견할 수가 없습니다. 따라서 우리는 기적을 자연과학적인 눈으로 바라보아서는 안됩니다. 기적은 결과이며, 기적의 원인은 하나님 자신입니다. 기적이란 신이 스스로 자연의 인과율 법칙을 깨거나 수정해서 직접적으로 인간의 사건에 개입한 초자연적 사건입니다. 즉 기적은 자연법칙(인과율)으로는 그 원인을 찾을 수도 없으며, 규명할 수도 없습니다.

필자는 미국에서 철학박사 과정 중에 독일어 시험을 보아야만 했습니다. 보통 미국의 박사과정은 독일어와 불어시험을 필수로 정해놓고 있습니다. 그런데 항상 아르바이트를 하면서, 그리고 교회 사역을 하면서 공부를 했기 때문에 시간에 쫓겼습니다. 그래도 나름대로 여름방학 동안 독일어 공부를 준비해서 가을학기 초에 시험을 보았습니다. 최선을 다했지만 아쉽게도 시험에서 떨어졌습니다. 어쩔 수 없이 봄 학기 초에 독일어 시험을 다시 치러야했습니다. 겨울방학 때 시험 준비를 해서 꼭 합격을 해야 했습니다. 그런데 가을학기 중 밀린 과제물을 작성하느라 시험 준비를 제대로 하지 못했습니다. 시험에 합격해야만 종합시험을 준비할 수 있었습니다. 또한 시험에 세 번 떨어지게 되면 아예 박사과정을 포기해야하는 최악의 상황을 맞게 되기 때문에 걱정을 하지 않을 수 없었습니다.

저와 아내는 시험을 1주일 남겨 놓고 하나님의 뜻을 물으면서 간절히 기도했습니다. 그러자 놀랍게도 하나님은 저의 아내에게 꿈을 통해 응답하셨습니다. 그 꿈의 내용은 커다란 유럽의 지도가 있었는데 제가 독일의 국경을 넘어서 들어가는 것이었습니다. 그 꿈을 꾼 저의 아내는 하나님이 도우시니 시험을 보라고 강하게 말하였습니다. 제가 다니던 학교는 200 - 300페이지 분량의 독일어 원서 3권 중에 3페이지 정도를 무작위로 선별해서 시험을 출제했습니다. 정해진 시간 내에 독일어를 영어로 정확하게 번역해야만 하는 어려운 시험입니다. 그래서 저는 시험 전날에 그 동안 준비했던 문제들 중 하나의 예제를 선택하여 차근차근 사전을 찾으면서 공부했습니다. 시험 당일이 되었습니다. 시험관이 문제지를 나눠주었고, 필자가 그것을 보는 순간 환희와 평안이 저의 마음속에 가득 밀려왔습니다. 그 이유는 독자 여러분께서 더 잘 아시겠죠? 예, 그렇습니다. 놀랍게도 바로 전날 차분하게 준비한 그 예제가 그 날의 시험문제였던 것입니다. 하나님의 인도하심과 그분의 은혜에 크게 감격하며 감사를 드렸습니다.

여러분은 필자의 체험을 우연한 사건으로 생각할지도 모릅니다. 그러나 저는 하나님이 베푸신 기도의 응답으로 생각합니다. 이 외에도 삶 속에서 많은 기적을 체험한 필자는 기적은 기도하는 성도들에게 베푸시는 하나님의 은혜임을 확신합니다. 성서에 기록된 모든 기적은 거짓이 아니라 하나님의 역사이며 분명한 사실입니다. 우리는 이러한 현실 속의 주관적인 경험을 통해 과거의 기적들이 실제의 사건이었음을 유추할 수 있습니다.

우리는 기적을 정의하는 것으로 이번 주제를 시작해 보았습니다. 기적은 '자연법칙을 위반하는 신의 직접적인 행위' 입니다. 과연 자연법칙에 위배되는 일이 실제로 일어날 수 있을까요? 초자연적인 현상이 정말 신이 직접적으로 개입한 것일까요? 우리는 이에 대해 논의하면서 자연스럽게 몇 가지 사실들을 발견했습니다. 기적은 자연법칙을 따르지 않습니다. 하나님이 바로 기적의 원인이며, 기적이라는 사건은 결과입니다. 기적이 신기한 이유는 우리가 알고 있는 자연법칙을 넘어서기 때문입니다. 우리는 기적을 통해 하나님이 우리 삶 속에 너무나 정교하고 놀랍게 개입하고 계심을 발견할 수 있습니다. 이러한 사건이 우연히 일어날 수는 없습니다. 그것은 필연이며 우리를 향한 하나님의 치밀한 계획입니다.

## 4. 기적에 관한 문제점들

기독교에서 기적이라는 주제를 다룰 때 마주하게 되는 실제적인 어려움이 있습니다. 그것은 바로 신의 개입 여부에 대한 것입니다. 인간의 역사에 어떤 경우는 신이 직접 개입하지만 또 어떤 경우는 신이 개입하지 않습니다. 또한 하나님의 기적이 반드시 필요한 상황인데도 어떤 경우에는 기적의 역사가 일어나지 않습니다. 이럴 때 신앙인들은 실망하거나 당황할 수밖에 없습니다. 하나의 예를 들어 보겠습니다.

김 집사에게는 폐결핵으로 고생하는 딸이 있었습니다. 김 집사는 믿음으로 간절히 기도하면 하나님께서 딸의 병을 고쳐주시리라 믿었습니다. 죽음의 위기 가운데 있던 딸이 기적적으로 회복되었습니다. 김 집사는 자신의 기도에 응답하셔서 기적을 베푸신 하나님께 감사를 드렸습니다. 그런데 그 사실을 김 집사의 친구인 신 집사가 알게 되었습니다. 신 집사는 김 집사의 딸을 고쳐주신 하나님이 다른 사람의 병도 고쳐주실 것이라고 믿었습니다. 그래서 신 집사는 간경화로 고생하는 조카를 위해 간절히 기도했습니다. 믿음을 가지고 기도할 때 조카의 병이 나음을 받을 것이라 확신했습니다. 그러나 신 집사의 열성어린 기도에도 불구하고 조카는 고통스럽게 죽어가고 있었습니다.

이 사건을 통해서 우리는 하나님의 공평성에 대해 의문을 갖게 됩니다. 왜 신은 어떤 경우에는 개입하고 다른 경우에는 개입하지 않을까요? 왜 신은 인간이 생각하는 평등이라는 잣대를 모든 사람에게 동일하게 사용하지 않을까요? 우리는 이를 어떻게 이해하고 해석해야 할까요? 이것은 신앙적인 질문, 즉 하나님의 속성에 대한 질문입니다. 하나님의 공평과 정의의 속성이 어떻게 사랑의 속성과 부딪히지 않고 조화를 이룰 수 있는가 라는 질문입니다.

이 질문은 또한 철학적인 질문이기도 합니다. 이를 철학적으로 해석하면, 기적은 왜 좀 더 이해하기 쉽고 규칙적인 방식으로 일어나지 않느냐는 것입니다. 과정 신학자 데이비드 그리핀은 이렇게 질문합니다. '왜 일방적으로 인간 역사에 개입하는 신이 세상 속의 끔찍한 악을 막기 위해서 왜 좀 더 빈번하게 간섭하지 않을까?' 이것은 바로 하나님의 공의에 대한 비판이기도 하지요.

이번에는 신앙적으로 생각해 봅시다. 우리는 위의 질문에 '신은 자신의 마음대로 기적을 행하기도 하고 행하지 않기도 한다.' 라고 답할 수밖에 없습니다. 혹자는 이것을 하나님의 은총으로 설명하려고 합니다. 만일 그렇다면 하나님은 편애하는 분일 것입니다. 편애하는 하나님이기에 자신의 은총을 불공평하게 베푼다고 이해할 수밖에 없습니다. 그러므로 편애의 속성은 하나님의 도덕성에 커다란 상처를 가하게 됩니다.

지금까지 이루어진 기적에 대한 신앙적이고 철학적인 질문의 초점은 신의 관점에서가 아니라 지극히 인간적인 관점에서 이루어지고 있습니다. 인간의 관점에서는 기적의 원인을 설명할 수 없습니다. 기적은 인간이 원인이 아니라 신이 원인입니다.

신은 인간이 기적을 필요로 하는 모든 상황마다 인간의 기준대로 개입해야 할 의무가 없습니다. 초자연적인 기적을 베푸시는 하나님이 그분의 뜻대로 행하십니다. 신은 인간의 생각을 초월하십니다. 하나님은 자기가 원하는 바를 정당하게 할 수 있는 분이십니다.

"그런즉 우리가 무슨 말 하리요 하나님께 불의가 있는가? 그럴 수 없느니
라. 모세에게 이르시되 내가 긍휼히 여길 자를 긍휼히 여기고 불쌍히 여길
자를 불쌍히 여기리라 하셨으니 그런즉 원하는 자로 말미암음도 아니요
달음박질하는 자로 말미암음도 아니요 오직 긍휼히 여기시는 하나님으로
말미암음이니라." (롬 9:14-16)

"이 사람아 네가 뉘기에 감히 하나님을 힐문 하느뇨 지음을 받은 물건이
지은 자에게 어찌 나를 이같이 만들었느냐 말하겠느뇨? 토기장이가 진흙
한 덩이로 하나는 귀히 쓸 그릇을, 하나는 천히 쓸 그릇을 만드는 권이 없
느냐" (롬 9:20-21)

## 기적 속의 노른자, 희망에 대한 믿음

우리는 하나님의 기적이 언제 누구에게 왜 일어나는지를 설명할 수
없습니다. 그러나 확실한 것은 기적을 체험한 사람들에게는 그 기적이
분명한 사실이라는 것입니다. 그래서 필자는 불치의 병으로 사형선고를
받은 사람들, 사업에 실패하여 더 이상 재기할 가능성이 없는 사람들, 불
가능한 상황 속에 있는 사람들이 낙심과 절망 가운데 빠져 있는 것보다
하나님에게 희망을 갖는 것이 훨씬 유익하다고 생각합니다.

기적은 누구에게나 일어날 수 있지만 그렇다고 해서 아무에게나 일어
나는 사건은 아닙니다. 구약 성경에 다니엘의 세 친구 - 사드락, 메삭, 아
벳느고 - 가 등장합니다. 왕명을 어겨 엄청난 온도의 풀무불 가운데로 들
어가기 전에 그들을 회유하고 협박하는 왕에게 그들이 한 말이 있습니

다. '그리 아니하실지라도' 라는 말입니다. 이것은 "하나님이 나를 이 죽음의 위협 앞에서 살리시는 기적을 베풀지 않으실지라도 나는 하나님을 부인하거나 배반할 수 없습니다." 라는 엄청난 믿음의 고백입니다. 이들의 믿음의 고백은 풀무 불 가운데에서 살아나는 기적을 불러 왔습니다. 죽음 가운데서도 하나님을 신뢰하는 신앙이 초자연적 기적을 불러온 것입니다.

2차 세계대전 때 포로 2만 명이 수용되어 있던 일본군 포로수용소에서 무려 8000명이나 되는 사람들이 죽었습니다. 죽음의 원인은 바로 '절망' 이었습니다. 하지만 600만 명의 유태인들이 학살된 나치 포로수용소에서는 그것과 다른 일이 일어났습니다. 지하 감옥 벽에서 손톱으로 그려진 '다윗의 별' 이 발견되었습니다. 그 그림 밑에 이런 글이 적혀 있었다고 합니다. "비록 태양이 우리에게 비춰지 않지만 저기 태양이 있는 것을 믿노라. 비록 사랑이 내게 느껴지지 않지만 저기 진실한 사랑이 있는 것을 나는 믿노라. 비록 하나님이 침묵 가운데 계시지만 나는 하나님이 살아계심을 믿노라."

## 5. 더 큰 기적을 누리십시오.

여러분의 삶 가운데도 기적은 일어날 수 있습니다. 하나님을 인정하고 긍정적으로 사시길 바랍니다. 하나님은 자신을 믿고 따르는 자들에게 기적을 베풀어주십니다. "믿음이 없이는 기쁘시게 못하나니 하나님께 나아가는 자는 반드시 그가 계신 것과 또한 그가 자기를 찾는 자들에게 상주시는 이심을 믿어야 할찌니라." (히 11:6) 그 분은 숨어있는 것 같지만, 신앙인들에게는 기적을 통해 자신의 살아계심과 사랑을 보여주십니다.

예수께서 말씀하십니다.

"할 수 있거든이 무슨 말이냐 믿는 자에게는 능치 못할 일이 없느니라."
(마 9:23)

하나님이 베푸시는 기적에는 여러 가지가 있습니다. 감당할 수 없는 일을 허락하지 않으시는 것도 기적입니다. 정말 어렵고 힘든 일에 피할 길을 주시는 것도 기적입니다. 하지만 가장 큰 기적은 불가능한 일을 감당할 수 있는 능력을 주시는 것입니다. 어려운 일을 당했을 때 노력하지 않고 걱정만 앞세우며 기적과 요행만을 바라지 마십시오. 오히려 더욱 노력하며 하나님이 주시는 지혜와 능력을 구하십시오. 우리는 분명 모든 불가능한 상황을 이겨낼 수 있습니다. 그래서 바울 선생은 이렇게 말씀하고 계십니다.

"내게 능력 주시는 자 안에서 내가 모든 것을 할 수 있느니라." (빌 4:13)

하지만 여기서 우리가 주의해야 할 것이 있습니다. 자연의 법칙을 초월하는 특별한 사건을 기대하는 인간의 욕심은 끝이 없다는 것입니다. 적당히 일하고 노력하지 않으면서 기적과 요행만을 바라기도 합니다. 그러나 하나님은 실제로 우리가 깨닫지 못할 뿐이지 많은 기적들을 행하고 계십니다. 위에서 말했듯이 우리의 삶을 살펴보면 하나님이 베푸신 눈에 보이지 않는 기적이 매우 많이 있습니다. 정말 큰 기적은 하나님이 정해놓으신 자연의 질서와 법칙 그 자체입니다. 만약 자연의 법칙이 자주 무시되고 초자연적인 기적이 판을 치게 된다고 생각해 보십시오. 그것은 혼란이요 더 큰 재앙입니다.

봄이 가면 여름이 오고, 여름이 가면 가을이 오는 것이 기적입니다. 얼마나 신비하고 아름답습니까? 봄에는 꽃이 피고 겨울에는 눈이 오는 것이 정말 아름다운 자연의 모습입니다. 우주의 별들은 하나님이 정해놓으신 자연의 법칙대로 운행합니다. 이 자연의 법칙이 깨지면 인류는 대재앙과 종말을 맞게 될 것입니다. 또한 모든 사람들이 늙어도 죽지 않거나 죽어도 썩지 않는다면 이 세상이 어떻게 될까요? 정말 몹쓸 세상이 될 것입니다. 여러분! 이와 같이 하나님의 놀라운 기적은 이미 자연의 섭리 속에 깊이 스며들어 있습니다.

알고 보면 우리의 신체도 우주의 신비를 갖고 있습니다. 머리에는 머리카락이 우리의 뇌를 보호하며 온도를 조절합니다. 우리의 코가 밑으로 향해 있기 때문에 비가와도 물이 들어가지 않습니다. 우리의 눈을 보호하기 위해 눈썹과 눈꺼풀을 주셨습니다. 우리의 눈, 코, 입, 귀의 위치를 보십시오. 가장 좋은 위치에 놓여 있습니다. 더 신기한 것은 육지의 동물과 바다의 물고기들의 얼굴을 한 번 바라보십시오. 눈, 코, 입, 귀의 위치가 우리 인간들의 위치와 똑같습니다. 이것이 바로 하나님의 창조의 신비입니다. 여러분의 생명 자체가 하나님의 신비이며 기적입니다.

매일 매일의 여러분의 삶 속에서 하나님의 기적을 누리십시오. 그 기적을 볼 수 있는 눈을 소유하십시오. 하지만 자연적인 세상에 임하는 초자연적인 하나님의 간섭과 개입을 부인하지 마십시오. 때로 우리는 하나님의 기적이 필요합니다. 하나님은 지혜로우시기 때문에 자연의 법칙을 거스르는 기적을 은밀하게 행하십시오. 그렇기 때문에 그러한 초자연적인 기적을 체험하는 소수의 사람들 밖에는 그것을 알지 못합니다.

결과적으로 우리는 기적의 두 가지 측면을 보게 됩니다. 하나는 자연적인 기적이고 다른 하나는 초자연적인 기적입니다. 우주와 만물 그리고 인간을 포함하는 삼라만상이 한 치의 오차도 없이 자연스럽게 유지되는 것이 자연적인 기적입니다. 반면 자연의 순리와 법칙이 그대로 유지되면서 필요에 따라 일시적으로 자연의 법칙을 초월하는 하나님의 간섭이나 개입이 바로 초자연적인 기적입니다. 하나님은 초자연적인 기적을 행하지만 근본적인 자연의 질서와 법칙을 깨뜨리지 않습니다.

초자연적인 기적 중에 가장 큰 기적은 무엇일까요? 바로 우리가 예수 그리스도를 하나님의 아들로 믿고, 우리를 구원하신 구세주로 믿는 것입니다. 예수를 믿는 것은 이성적으로나 과학적으로 받아들일 수 없는 비정상적인 일입니다. 따라서 이성적인 우리가 비이성적인 믿음을 받아들이는 것이 바로 기적입니다. 또한 예수를 믿고 나서도 이성적이고 과학적인 사고를 유지하는 신앙인들의 삶이 또 하나의 놀라운 기적이지요.

1. 기적을 나름대로 정의 내려 보고, 그렇게 정의한 이유를 함께 나눠 보라.

2. 당신은 성경이 말하는 기적의 사건들을 믿는가?
   만약 믿는다면 왜 당신은 기적을 믿는가?
   만약 믿지 않는다면, 왜 당신은 기적을 거부하는가?

3. 과연 기적은 일어날 수 있는가? 기적은 기도의 응답인가?
   아니면 기적은 우연의 일치인가?

4. 기독교인들은 기적을 하나님의 직접적인 행위라고 말한다.
   지금도 기적은 일어날 수 있는가? 당신은 기적을 체험한 적이 있는가?
   만약 있다면 당신이 경험한 기적을 말해 보라.

5. 하나님의 직접적인 행위로서의 기적이 지닌 문제점들은 무엇인가?

6. 기독교인들은 자연적인 기적과 초자연적인 기적을 동시에 경험하면서 살아간다. 자연적인 기적과 초자연적인 기적의 차이점은 무엇인가?

   기적의 이중성은 무엇을 의미하는가?

7. 당신의 삶 속에서 당신이 원하는 기적은 무엇인가? 만약 당신이 기적을 기도의 응답이라고 믿는다면 당신의 기도제목을 나누어보라.

8. 기적이 주는 의미는 하나님이 제공하시는 '평범한 일상'에 대한 발견과 감사다. 당신은 오늘 평범한 일상 속에서 어떤 기적을 발견했는가? 함께 나누어보자.

Does heaven exist?

# 과연 천국은 존재하는가?

기독교는 죽음 이후에 인격적인 삶이 있다고 주장합니다. 이 말의 뜻은 죽음 이후

의 세계에 존재하는 각 사람들은 죽기 이전의 자신과 동일한 사람이라는 것입니

다. 각자는 자기 동일성의 의식을 가지고 과거의 삶에 대해 올바른 기억을 가집니

다. 즉 기독교적 영생관은 사후의 개인의 인격적인 삶을 보장하는 것입니다. 그러

나 한 가지 문제가 있습니다. 과연 '무엇'이 사후의 인격적인 삶을 가능하게 하는

가의 문제입니다. 사후의 인격적인 삶을 보장하는 강력한 조정자가 있는가에 관한

문제이지요.

사람만 만나면 열정적으로 복음을 전하는 박 집사가 있었습니다. 어느 날 택시를 타고 교회에 가고 있는데 택시 기사에게 복음을 전하고 싶었습니다. 이런 저런 이야기를 하다가 박 집사는 예수만 믿으면 구원을 얻게 되니까 한번 믿어보시라고 그에게 권유했습니다. 그러자 택시기사는 점점 쌀쌀맞게 말하더니 마침내는 적극적으로 교회를 비판하기 시작했습니다. 그래도 포기하지 않고 "예수를 믿으면 천국에 갑니다."라고 박 집사는 말했습니다. 그러나 택시 기사는 아직 천국에 관심이 없다며 "천국이 있는지 없는지도 모르는데 뭘 그렇게 호들갑을 떠느냐!'는 식으로 말했습니다. 이런 이야기를 들은 박 집사 역시 조금씩 화가 났지요. 그래서 교회에 도착해 택시에서 내리면서 마지막으로 한 마디를 던졌습니다. "그래요. 나는 천국에 갈 거니까, 당신은 지옥에나 가세요!' 택시기사는 "지옥에나 가라"는 말에 잔뜩 화가 나서 운전석에서 내려 교회로 뛰어가는 박 집사를 바라보며 말했습니다. "이런 기가 막혀서야. 세상에 저런 나쁜 사람을 봤나!' 라고 말하며 분노하였습니다.

만일 택시 기사가 정말로 천국과 지옥에 대해 관심도 없고 천국과 지옥의 존재를 믿지도 않았다면 "지옥에나 가라"는 말에 그토록 화를 낼 이유는 없었을 것입니다. 아마 사람들에겐 본능적으로 천국과 지옥에 대한 관심이 있는 것 같습니다.

인간의 삶에서 가장 큰 이슈(issue)는 바로 죽음입니다. 사람들은 죽음에 대해 두려움과 함께 진지함을 동시에 가지고 있습니다. 누군가의 죽음 앞에서, 혹은 본인의 죽음 직전의 상황에서 인간은 질문하게 됩니다. 죽음이란 무엇일까? 죽은 이후에 사람은 어떻게 될까? 종교들은 이러한 질문에 대해 다양하게 대답합니다.

　대부분의 종교에서는 죽음을 '새로운 인생의 시작'이라고 말합니다. 고대 이집트인들은 귀족이나 왕이 죽으면 미라를 만들어서 거대한 피라미드에 묻었습니다. 또한 무덤 안에 저승을 여행하기 위해 필요한 음식과 귀중품들을 함께 넣고 저승 세계의 왕인 오리시스의 조각이나 그림으로 벽을 장식했습니다. 동양의 유교를 따르는 사람들은 제사와 같은 특별한 예식을 통해 자신들의 조상을 추모하고 기립니다. 힌두교와 불교에서는 죽은 사람이 다른 모습으로 다시 태어난다는 '환생'을 믿고 있습니다. 이슬람교의 경전인 코란에서도 '내세'라는 말을 113번이나 사용하며 환생과 심판에 대해 언급합니다. 그리고 기독교인들은 '몸이 다시사는 것과 영원히 사는 것을 믿사옵나이다.'라는 사도신경을 암송하면서 사후세계에 대한 믿음을 고백합니다.

　이상에서 본 것처럼 우리는 죽음 이후의 삶에 대한 믿음이 모든 종교에 있어서 가장 중요한 주제임을 쉽게 알 수 있습니다.

## 2. 영혼은 불멸인가? - 사후 세계에 대한 다양한 종교적 이해

　우리는 '죽은 후에 다시 살 수 있다는 믿음이 과연 올바른가?'라는 질문을 하지 않을 수 없습니다. '불멸'과 '영생'은 죽지 않고 영원히 산다는 것을 뜻합니다. 이러한 의미는 모든 사람들은 죽는다는 사실과 정면으로 대립되는 것처럼 보입니다.

　만약 사람이 죽지 않고 영원히 살고자 한다면 물리적인 죽음과 육체의 부패를 극복할 수 있는 무언가가 있어야 가능합니다. 많은 사람들은 그 무언가를 '영혼'이라고 생각합니다. 인간의 몸은 죽어서 흙으로 돌아가도 영혼은 새로운 세계에서 계속 살 것이라고 믿는 것이지요. 즉 사람들은 죽음 이후에 천상에서 영혼이라는 새로운 종류의 몸을 가지고 살 것이라고 추측합니다. 이러한 믿음은 영혼불멸설을 주장하는 플라톤의 이원론적 세계관에서 발견됩니다.

그러나 힌두교와 불교는 영생에 대해 다른 개념을 갖고 있습니다. 힌두교와 불교의 사후세계에 대한 개념은 윤회사상으로 나타납니다. 윤회사상은 사람이 죽을 때에 그의 영혼은 죽지 않고 다른 몸으로 옮겨서 다시 태어난다고 믿는 것입니다. 이들은 그 사람이 최종적인 자유를 가질 때까지 윤회가 계속해서 일어난다고 주장합니다.[7]

마지막으로 기독교적 영생관을 살펴봅시다. 기독교적 영생관은 영혼과 육의 부활을 동시에 주장합니다. 이것은 플라톤의 영혼불멸설과 매우 비슷하여 성도들이 혼동할 수 있습니다. 그러나 분명한 차이점이 있습니다. 플라톤의 영혼불멸설은 육체로부터 영혼을 분리하여 육체의 구원은 없고 오직 영혼의 구원만이 있다고 말합니다. 그러나 기독교는 예수를 믿는 성도가 죽었다가 육체를 지닌 피조물 그대로 부활한다고 주장합니다. 지상에서 지녔던 동일한 육체와 동일한 영혼이 영화로운 몸으로 변화되어 하나님의 구원에 참여하게 되는 것이지요.

"보라 내가 너희에게 비밀을 말하노니 우리가 다 잠잘 것이 아니요 마지막 나팔에 순식간에 홀연히 다 변화하리니 나팔 소리가 나매 죽은 자들이 썩지 아니할 것으로 다시 살고 우리도 변화하리라 이 썩을 것이 불가불 썩지 아니할 것을 입겠고 이 죽을 것이 죽지 아니함을 입으리로다. 이 썩을 것이 썩지 아니함을 입고 이 죽을 것이 죽지 아니함을 입을 때에는 사망이 이김의 삼킨바 되리라고 기록된 말씀이 응하리라." (고전 15:51-54)

기독교적 영생관의 특징은 두 가지로 압축할 수 있습니다. 첫째는 죽음 이후에 인격적인 삶을 산다는 것이고, 두 번째는 영혼이 바로 인격적 삶의 근거라는 것입니다.

좀 더 자세히 알아봅시다.

### 1) 그때 그 사람

첫 번째, 기독교는 죽음 이후에 인격적인 삶이 있다고 주장합니다. 이 말의 뜻은 죽음 이후 세계에 존재하는 각 사람들은 죽기 이전의 자신과 동일한 사람이라는 것입니다. 각자는 자기 동일성의 의식을 가지고 과거의 삶에 대해 올바른 기억을 가집니다. 즉 기독교적 영생관은 사후의 개인의 인격적인 삶을 보장하는 것입니다.

그러나 한 가지 문제가 있습니다. 과연 '무엇'이 사후의 인격적인 삶을 가능하게 하는가의 문제입니다. 사후의 인격적인 삶을 보장하는 강력한 조정자가 있는가에 관한 문제이지요. 만약에 사후의 삶이 불교처럼 자연스럽게 윤회하는 것이 아니라면, 사람들로 하여금 사후에도 개별적으로 살 수 있게 해 주는 특수한 능력을 가진 절대자가 있어야 합니다. 만약 그러한 신이 존재하지 않는다면, 기독교적인 사후의 삶은 존재하기가 어렵습니다.

### 2) 부활체의 신분증, 영혼

두 번째로, 기독교적 영생관의 특징은 영혼에 대한 믿음입니다. 기독교는 육체와 영혼의 동시적 부활을 주장합니다. 그런데 죽기 이전의 자신과 부활 이후의 자신이 같은 인물이라고 말할 수 있는 근거가 과연 무엇일까요? 그것이 바로 영혼입니다. 따라서 실제적인 부활은 영혼에 대한 믿음의 토대 위에 일어납니다.

영혼은 우리의 신체 안에 존재하는 어떤 비물질적인 자아입니다. 자아로서의 영혼은 자기의식을 가지고 있으며, 기억을 하고, 생각을 하며, 감정을 표현합니다. 영혼의 이러한 기능들은 육체와 연결되어 작동되지만, 실제로는 육체와 별개로 발생합니다. 죽음으로 인해 신체가 부패되면, 물질적인 신체는 비물질적인 영혼과 분리되게 됩니다. 즉 각 개인의 신체적인 죽음이 영혼에 별다른 영향을 미치지 못하는 것이지요. 개인의 영혼은 육체적 죽음에 의존하지 않고 영구적으로 존재할 것입니다. 정리하면 기독교적 영생관은 죽음 이후에 영혼과 몸이 동시에 부활하여 인격적 삶을 살아가게 된다는 것입니다. 그러나 또다시 문제가 되는 것이 있습니다. 과연 영혼이 정말 존재할까요?

### 3. 영혼은 정말로 실재하는가?

많은 현대 철학자들은 인간은 심리적이고 물리적인 유기체에 불과하다고 말하고 영혼은 두뇌과정이나 두뇌상태 또는 중추 신경계 내의 과정이라고 주장합니다. 마음은 단지 두뇌가 작용하는 것이라고 보는 것입니다. 이런 관점에서 그들은 마음과 몸, 영혼과 육체를 동일하게 보는 '심신동일론자' 들입니다. 이들은 하나님의 존재를 부인하고 오직 물질만을 모든 것으로 받아들이는 '유물론적 무신론자' 들이라 할 수 있습니다.

그러나 죽음을 경험했다가 살아난 사람들은 영혼이 없다고 말하는 '심신동일론자'들을 반박합니다. 죽어서 천국을 경험한 사람들의 간증은 우리에게 대단한 관심을 불러일으킵니다. 이들의 경험은 지극히 개인적이지만 서로간의 많은 공통점들이 발견되는데 그들의 공통된 경험을 요약하면 이렇습니다.

자기가 누운 상태에서 주위의 사람들이 자기를 보고 죽었다고 말하는 소리를 듣습니다. 그리고 그들은 자기 몸에서부터 떨어져 나와 자기 몸과 그 주위를 둘러싸고 있는 사람들을 보게 됩니다. 그 다음엔 새로운 몸을 입게 되었는데 이 몸은 이전의 물리적인 신체와 비슷한 형태의 영적인 몸입니다. 새로운 형태의 영적인 몸은 자신의 본래적 신체를 둘러싸고 있는 물질적이고 물리적인 환경과는 상호작용도 접촉도 할 수 없게 됩니다. 이어서 그들은 터널과 같은 어두운 곳을 통과해서 전혀 색다른 영역에 도착하게 됩니다. 그곳에서는 다른 사람들과 텔레파시적인 방식으로 의사소통을 합니다. 그곳 사람들은 물리적인 신체를 가지고 있지는 않지만 서로가 서로를 알아볼 수 있습니다. 또한 천국이라는 곳에 도착한 이들은 밝게 빛나는 어떤 특별한 분을 만나게 됩니다. 이 분은 사랑과 동정심이 넘쳤고 그들로 하여금 과거를 기억해내고 회개하는 것을 도와주었습니다. 기독교의 성도들은 이 특별한 분을 예수님이라고 믿습니다. 이들은 아주 평화롭고 행복한 경험을 계속해서 즐기면서 머무르고 싶었지만 세상으로 돌아가라는 예수님의 말씀을 듣고 다시 깨어납니다.[8]

우리는 사후의 삶을 잠시 동안 경험하고 돌아온 사람들의 경험을 무시할 수 없습니다. 그러나 어떤 사람들은 이러한 경험들은 단지 환각적인 상태에서 나타나는 현상들이라고 말합니다. 여기서 문제가 되는 것은 사후에 갖게 되는 영적인 몸에 관한 문제입니다.

이들의 간증에 의하면, 영적인 몸은 사람들의 눈에 보이지 않고, 물체를 통과할 수 있으며, 무게를 갖고 있지 않아 시공간을 자유롭게 돌아다니며, 지각하는 능력을 가지고 있고 소리를 들을 수 있다는 것입니다. 이들은 물리적인 환경을 금방 인지하지만 그것에 대해 아무런 영향을 미치지 못한다는 것입니다. 아무튼 우리는 영혼에 관한 문제를 쉽게 간과할 수는 없습니다.

필자는 영적인 세계를 인정하는 목회자로서 우리의 신체 안에 영혼이 있음을 확신합니다. 요즈음 영혼의 무게가 21g이라는 사실이 화제입니다. 필자도 동아일보에서 "영혼의 무게 21g?" 이라는 기사를 읽었습니다. 그 내용은 모든 죽는 사람들은 공통적으로 죽자마자 죽기 전의 몸무게에서 21g 이 빠져나간다는 것입니다. 의사들은 왜 모든 사람들의 몸무게는 죽자마자 21g 이 감소할까라는 의문을 가지게 되었고 결국에는 21g은 영혼의 무게라고 추정하게 되었습니다. 아마도 무신론자들은 감소된 21g은 소변과 같은 수분이 증발한 것이라고 일축할 것입니다.

그러나 영혼의 존재에 대해 그리 쉽게 부인할 수 없는 것이 우리의 현실입니다. 왜냐하면 우리 자신이 영적인 존재이기 때문입니다.


## 4. 기독교는 부활의 종교입니다.

기독교는 예수 그리스도의 부활을 믿습니다. 예수 그리스도가 죽은 자 가운데서 부활하셨다는 사실은 예수를 믿는 자들의 부활도 가능케 합니다. 사도 바울은 다음과 같이 주장합니다.

"그러나 이제 그리스도께서 죽은 자 가운데서 다시 살아 잠자는 자들의 첫

열매가 되셨도다. 사망이 사람으로 말미암았으니 죽은 자의 부활도 사람으로 말미암는도다. 아담 안에서 모든 사람이 죽은 것같이 그리스도 안에서 모든 사람이 삶을 얻으리라." (고전 15:12-22)

그렇다면 성도가 부활할 수 있기 위해서는 예수의 부활이 역사적으로 거짓이 아닌 참이라는 것이 증명되어야 할 것입니다. 로마의 총독은 사형을 집행한 후에 반드시 공문서로 그 사형집행결과를 로마황제에게 보고하게 되어 있습니다. 그래서 로마에 가면 본디오 빌라도가 로마황제에게 보낸 공문서기록이 보존되어 있습니다. 그런데 놀랍게도 빌라도가 로마황제에게 보낸 보고서는 이렇게 기록되어 있습니다. "예수께서 부활하셨다. 나는 예수를 죽이지 않았다. 유대의 대제사장들과 장로들이 예수를 죽였다. 나는 예수의 죽음과 무관하다." 빌라도의 보고서는 로마의 총독이 황제 앞에서 예수님의 부활을 공식적으로 인정한 최초의 공문서입니다.

예수님의 부활은 역사적인 사실입니다. 성경 말씀이 그것을 증거합니다. 막달라 마리아와 또 다른 마리아가 예수의 부활을 눈으로 확인했고, 베드로가 또한 확인했습니다. 엠마오로 내려가는 두 제자, 12제자, 마가다락방 120문도, 500여명의 성도들이 일시에 부활하신 예수를 직접 만났습니다. 그들은 부활하신 예수를 직접 만났기에 예수를 부인할 수 없었으며, 생명을 내어 놓고 죽는 순간까지 예수를 전했습니다. 콜로세움 원형경기장에서 맹수의 밥이 되어 온몸이 갈기갈기 찢겨 죽으면서도 그들은 부활하신 예수를 자랑스럽게 전했습니다. 부활은 역사적인 사건이며 객관적인 사실입니다. 이와 마찬가지로 예수 그리스도의 부활을 믿는 성도들의 육체와 영혼의 부활 역시 실제적인 것이 될 것입니다.

역사적으로 사후의 영원세계에 대한 세 가지 철학적인 논증들이 시도되었습니다. 사후의 삶에 대한 첫 번째 논증은 아퀴나스에 의해 시도되었습니다. 그의 이론에 따르면, 하나님은 우리를 행복이라는 궁극적인 목적을 위해서 창조하셨습니다. 그런데 그 행복한 삶은 이 세상에서 이루어질 수 없습니다. 따라서 하나님의 창조 목적인 인간들의 행복한 삶이 성취되기 위해서 영원한 사후의 세계가 반드시 존재해야 합니다. 이러한 아퀴나스의 논증은 두 가지 전제 위에서 가능해집니다. 먼저, 행복의 개념은 하나님과 연결되어야만 합니다. 두 번째 전제는 우리가 이 땅에서 궁극적인 목적을 성취할 수 없다면 우리는 헛되이 만들어졌을 것이라는 사실입니다.

사후의 세계에 대한 두 번째 논증은 칸트에 의해 주장되었습니다. 하나님은 우리에게 최고의 선을 행하라고 명령하셨습니다. 최고의 선은 도덕법칙입니다. 그러나 우리는 이 땅에서 그것을 완전하게 이루지 못합니다. 만약 하나님이 우리에게 도덕법칙에 따라 사는 의무를 부여하셨다면, 인간이 거룩하게 될 수 있는 시점이 죽은 후로 연장되어야만 합니다. 따라서 도덕적으로 완전한 삶을 살기 위한 사후의 삶은 필히 요청됩니다. 그러나 칸트가 제시한 논증의 가장 큰 문제점은 정말 하나님이 인간에게 도덕적인 의무를 부여하셨는가에 대한 진실성의 문제입니다.

세 번째 논증은 플라톤에 의해 제기되었습니다. 그는 자신의 영혼불멸설을 통해 사후의 삶을 주장했습니다. 플라톤은 영혼은 단순하여 분리되지 않고 또한 파괴되지 않기 때문에 불멸한다고 주장했습니다. 그는 영혼은 죽음이라는 신체의 물리적인 분해로 인하여 죽지 않는다고 주장하였습니다. 결론적으로 사후의 삶은 가능하다는 것입니다.

## 6. 성경은 천국을 증언합니다.

예수님은 우리가 죽은 후에 거할 장소를 예비하신다고 말씀하셨습니다.

> "너희는 마음에 근심하지 말라 하나님을 믿으니 또 나를 믿으라. 내 아버지 집에 거할 곳이 많도다. 그렇지 않으면 너희에게 일렀으리라 내가 너희를 위하여 처소를 예비하러 가노니. 가서 너희를 위하여 처소를 예비하면 내가 다시 와서 너희를 내게로 영접하여 나 있는 곳에 너희도 있게 하리라." (요 14:1-3)

우리가 사후에 거할 장소를 천국이라고 부릅니다. 부활하신 예수님이 천국을 예비해 놓고 우리를 기다리고 계십니다.

> "저희가 이제는 더 나은 본향을 사모하니 곧 하늘에 있는 것이라 그러므로 하나님이 저희 하나님이라 일컬음 받으심을 부끄러워 아니하시고 저희를 위하여 한 성을 예비하셨느니라." (히 11:16)

예수를 믿는 자들은 천국의 시민권자들입니다. 그곳에서 영원한 기쁨을 누릴 것입니다. 우리가 이 땅에서 주님을 위하여 가난하고 헐벗고 고통당한 것을 우리 주님이 갚아주실 것입니다.

> "오직 우리의 시민권은 하늘에 있는지라 거기로서 구원하는 자 곧 주 예수 그리스도를 기다리노니." (빌 3:20)

우리를 만드신 전능하신 하나님께서 부활의 날에 우리의 온 몸과 영혼을 재창조하실 것입니다. 신의 존재를 부인하고 영적인 세계를 부인하는 유물론자들에게는 사후의 삶이 불가능하게 보일 것입니다. 그러나 우리는 천국에서 예수님이 주시는 모든 상급을 받아 누릴 것입니다. 예수님께서 이 땅에서 예수님을 위해 살면서 고난당하며 흘렸던 그 모든 눈물들을 닦아주시며 위로해 주실 것입니다.

"내가 들으니 보좌에서 큰 음성이 나서 가로되 보라 하나님의 장막이 사람들과 함께 있으매 하나님이 저희와 함께 거하시리니 저희는 하나님의 백성이 되고 하나님은 친히 저희와 함께 계셔서 모든 눈물을 그 눈에서 씻기시매 다시 사망이 없고 애통하는 것이나 곡하는 것이나 아픈 것이 다시 있지 아니하리니 처음 것들이 다 지나갔음 이러라." (계 21:3-4)

예수님을 믿는 사람들은 하나님의 자녀로서 천국의 주인이 되시는 창조주 하나님과 함께 영원한 생명을 누릴 것입니다. 그 곳에는 에덴동산에 있었던 생명나무가 있어 성도들이 그 실과를 따먹으면서 영생할 것입니다.

"또 저가 수정같이 맑은 생명수의 강을 내게 보이니 하나님과 및 어린 양의 보좌로부터 나서 길 가운데로 흐르더라. 강 좌우에 생명나무가 있어 열두 가지 실과를 맺히되 달마다 그 실과를 맺히고 그 나무 잎사귀들은 만국을 소성하기 위하여 있더라. 다시 저주가 없으며 하나님과 그 어린 양의 보좌가 그 가운데 있으리니 그의 종들이 그를 섬기며 그의 얼굴을 볼 터이요 그의 이름도 저희 이마에 있으리라. 다시 밤이 없겠고 등불과 햇빛이 쓸데없으니 이는 주 하나님이 저희에게 비취심이라 저희가 세세토록 왕 노릇 하리로다." (계 22:1-5)

천국에서 성도들은 무엇을 할까요? 그들은 아들을 이 땅에 보내신 하나님의 사랑을 찬양할 것입니다. 그들은 또한 아버지의 명령을 따라 이 땅에 와서 그들의 죄를 씻기 위해 십자가에서 피를 흘리신 어린양 예수의 공로를 찬양할 것입니다. 아마도 찬양이 천국의 언어가 될 것입니다.

> "이 일 후에 내가 보니 각 나라와 족속과 백성과 방언에서 아무라도 능히 셀 수 없는 큰 무리가 흰 옷을 입고 손에 종려가지를 들고 보좌 앞과 어린양 앞에 서서 큰 소리로 외쳐 가로되 구원하심이 보좌에 앉으신 우리 하나님과 어린 양에게 있도다 하니 모든 천사가 보좌와 장로들과 네 생물의 주위에 섰다가 보좌 앞에 엎드려 얼굴을 대고 하나님께 경배하여 가로되 아멘 찬송과 영광과 지혜와 감사와 존귀와 능력과 힘이 우리 하나님께 세세토록 있을 지로다. 아멘 하더라. 장로 중에 하나가 응답하여 내게 이르되 이 흰 옷 입은 자들이 누구며 또 어디서 왔느뇨. 내가 가로되 내 주여 당신이 알리이다 하니 그가 나더러 이르되 이는 큰 환난에서 나오는 자들인데 어린 양의 피에 그 옷을 씻어 희게 하였느니라. 그러므로 그들이 하나님의 보좌 앞에 있고 또 그의 성전에서 밤낮 하나님을 섬기매 보좌에 앉으신 이가 그들 위에 장막을 치시리니 저희가 다시 주리지도 아니하며 목마르지도 아니하고 해나 아무 뜨거운 기운에 상하지 아니할찌니 이는 보좌 가운데 계신 어린 양이 저희의 목자가 되사 생명수 샘으로 인도하시고 하나님께서 저희 눈에서 모든 눈물을 씻어 주실 것임이러라." (계 7:9-17)

1. 당신은 사후세계를 믿는가? 당신은 죽음이 두려운가?
   당신은 천국에 관심을 가지고 있는가? 그 이유는 무엇인가?

2. 당신은 영혼이 있다고 믿는가? 영혼은 정말로 실재하는가?
   만약 믿는다면, 인간의 영혼은 영원한가?

3. 기독교적 영생관은 무엇인가? 당신은 기독교의 부활신앙을 믿는가?

4. 사후세계에 대한 철학적 증명은 타당한가?

   1) 아퀴나스의 증명

   2) 칸트의 증명

   3) 플라톤의 증명

5. 성경에서 말하는 천국에 관한 진술들을 당신은 믿을 수 있는가?

   만약 믿을 수 있다면, 당신은 어떻게 해서 그것을 믿게 되었는가?

   만약 믿을 수 없다면, 당신은 왜 믿지 못하는가?

6. 아래의 말씀은 천국에 대해 약속하신 것이다. 이것이 현실 세계에 있는
   나의 삶에 어떠한 영향을 미치고 있으며, 앞으로 어떠한 영향을 미칠 것
   인가? (순교자들의 삶을 유추해보라)

   "너희는 마음에 근심하지 말라 하나님을 믿으니 또 나를 믿으라 내 아버
   지 집에 거할 곳이 많도다 그렇지 않으면 너희에게 일렀으리라 내가 너
   희를 위하여 처소를 예비하러 가노니 가서 너희를 위하여 처소를 예비하
   면 내가 다시 와서 너희를 내게로 영접하여 나 있는 곳에 너희도 있게
   하리라 내가 가는 곳에 그 길을 너희가 알리라 "(요 14:1~4)

Why is the world so evil if God is alive?

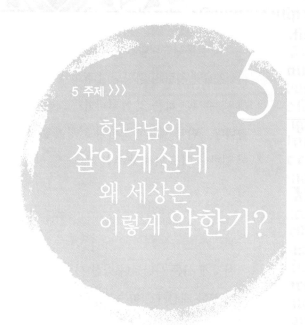

5 주제 >>>

# 하나님이 살아계신데 왜 세상은 이렇게 악한가?

5

세상에 존재하는 악의 문제로 인해 우리는 삶의 의미와 목적에 대해 회의를 느끼게

됩니다. 아무리 착하게 열심히 살아도 도무지 인생이 나아지지 않고, 나의 희생과 착

한 심성을 이용하여 승승장구하며 게으르게 놀고먹는 악한 사람들이 있다면 어찌

삶이 허무하지 않겠습니까? 도대체 무슨 보람으로 왜 살아야하는지 온통 허무감으

로 가득 차 있는 사람들에게 기독교인들은 어떤 말을 해 줄 수 있을까요?

옥스퍼드 대학의 C.S.루이스 교수가 강의하고 있을 때 한 학생이 질문했습니다. "선생님, 세상에는 왜 이렇게 고난과 역경이 많습니까? 정말 사랑의 하나님이 살아계신다면 인간이 이런 고난을 겪지 않게 해 주셔야 하는 것 아닙니까?" 그러자 루이스 교수는 이렇게 답을 했습니다. "만약 세상에 고난과 역경이 없다면, 그렇잖아도 교만한 사람들이 얼마나 더 교만해지겠나?"

### 1. 우리는 왜 세상 안에 악이 존재하는지를 알지 못합니다.

선하게 사는 사람보다 악한 사람이 더 잘 되는 것을 볼 때 "과연 하나님은 살아 계신가?" 하는 질문을 던져 본 적이 있을 것입니다. 세상 사람들조차 악한 인간을 볼 때 "귀신은 저거 안 잡아가고 뭐 하나?" 혀를 차기도 합니다. 착한 사람이 형통하고 악한 사람은 그 죄 값을 치뤄야 하는데 안타깝게도 현실은 그 반대인 경우가 종종 있습니다.

양심대로 바르게 살고자 하는 사람들이 더 어렵게 살고, 비양심적인 사람들이 더 부자가 되고 명예까지 누리며 살고 있는 현실을 우리는 부정할 수 없습니다. 그래서 사람들은 양심대로 살기를 포기하고, 악한 자들이 걸어간 길을 뒤따라갑니다. 이러한 모순된 세상은 비단 현대 자본주의 사회에서만 일어나는 일은 아닙니다. 수천 년 전에 쓰여진 성경에서도 이러한 왜곡된 세상의 모습을 다음과 같이 정확하게 표현하고 있습니다.

"악한 일에 관한 징벌이 속히 실행되지 아니하므로 인생들이 악을 행하는
데에 마음이 담대하도다." (개역개정판, 전 8:11)

이처럼 두려움을 모르는 담대한 악인이 존재한다는 사실은, 사랑을 실천하며 살아야 하는 기독교인들에게 매우 심각한 문제가 아닐 수 없습니다. 따라서 악의 문제는 꼭 짚고 넘어가야 하는 문제입니다.[9]

## 2. 악은 어디서부터 왔을까요?

먼저 악의 기원에 대해 생각해 봅시다.

하루는 한 성도가 예배를 마치고 목사와 인사를 나누면서 질문을 합니다.

성도 : "목사님! 하나님은 왜 에덴동산에 선악과를 만드셨나요?"

목사 : (갑작스러운 질문에 당황함. 그러나 이내 안정을 찾으며)

　　　　"하나님이 조금 심심하셨는가 봐 ^.^;;"

성도 : "에덴동산에 왜 뱀(사탄)이 있었나요? 전지전능한 하나님께서 미래

　　　　의 모든 것을 알고 계셨을 텐데 굳이 선악과를 만들고 하와를 유혹

　　　　에 쉽게 빠져버리는 존재로 만드신 건가요?

목사 : ..................

사실 위와 같은 논쟁은 저뿐만 아니라 기독교인이라면 누구나 마주치게 되는 당혹스러운 일일 것입니다. 따라서 이에 대하여 우리는 철저한 대비를 해 둘 필요가 있습니다.

우리는 창세기에 나오는 에덴동산의 사건을 통해 악의 기원이 될 수 있는 세 종류의 존재 - 하나님, 사탄(뱀), 인간 - 를 발견하게 됩니다.

첫째로, 하나님이 악의 기원일 수 있습니다. 만약 그렇다면 모든 궁금증은 쉽게 풀립니다. 하나님은 전지전능하신 분이십니다. 사탄은 하나님의 신하에 불과합니다. 즉 인간의 타락은 하나님의 계획에 의한 것이 됩니다. 이것이 바로 칼빈의 예정론입니다. 하나님께서 창조와 타락, 구원을 모두 다 계획하셨습니다. 하나님의 그 계획은 한 치의 오차도 없습니다. 하나님의 그 계획은 지금도 우리를 인도하십니다. 악의 문제 역시 하나님의 계획 속에 있다는 것입니다. 그러나 이처럼 모든 것을 신이 계획한 것이라고 규정했을 때에는 다음과 같은 문제가 생길 수 있습니다.

"과연 인간에게 진정한 자유가 있는가?"
"인간은 아무런 의지가 없는 기계나 로봇과 같은 존재가 아닌가?"
"하나님이 다 계획하셨다면 아담과 하와가 무슨 죄가 있는가?"

우리가 악의 기원을 하나님께 둔다면 하나님은 사랑의 하나님이 아니십니다. 그 때의 하나님은 폭군이 됩니다. 그와 동시에 인간의 존엄성은 사라집니다. 또 인간이 악하게 사는 것 또한 하나님의 책임입니다. 인간이 악에 대해서 책임질 필요도 없게 됩니다. 더 큰 문제는 인류를 구원하기 위한 예수님의 십자가 사건이 문제가 됩니다. 하나님께서 인간을 타락시키셨고, 그 후에 예수님을 통해 인류를 구원해 주시기 때문에 예수님의 구원은 마치 하나님이 먼저 병을 주고 그 다음에 약을 주는 꼴이 되어버립니다.

둘째로, 우리는 악의 기원을 사탄에게 둘 수도 있습니다. 창세전부터 사탄은 자신만의 어둠의 영역을 가지고 있었습니다. 하나님과 영적인 전쟁을 하고 있었다는 것입니다. 즉 선악과 사건은 사탄이 하나님의 영역에 침범한 것입니다. 사탄이 하나님의 피조물인 아담과 하와를 속였습니다. 사탄이 그들을 타락시켰습니다. 악의 기원을 사탄에게 둘 때 하나님은 세상의 모든 악에 대해서 책임을 지지 않아도 됩니다. 그러나 이것은 동시에 하나님의 전능하심에 치명적인 손상을 입히게 됩니다. 사탄이 에덴동산에 침입하고 아담과 하와를 타락시키는 것을 막을 수 없었던 하나님은 결코 전능하신 분이 아니라는 것입니다. 그렇게 되면 사탄과 하나님은 대등한 존재가 되고 맙니다. 사탄이 하나님처럼 높은 존재가 되었다기보다는 하나님이 사탄과 같이 낮아진 것이 되겠지요.

　세 번째로, 우리는 악의 기원을 인간에게 둘 수도 있습니다. 하나님은 자신이 창조하신 사람과 자기 자신과의 '관계'를 중요하게 여기십니다. 그래서 인간을 로봇으로 만들지 않았습니다. 하나님은, 인간에게 자유의지가 주어진다면 하나님의 명령에 불순종할 가능성이 얼마든지 있다는 것을 알면서도, 인간에게 자유의지를 주셨습니다. 아니나 다를까 자유의지를 갖게 된 인간은 하나님의 명령을 어기고 선악과를 따먹게 됩니다. 이는 자유의지를 남용한 것입니다. 인간의 잘못된 행동으로 인간 속에 악이 들어왔습니다. 아무리 인간을 유혹한 뱀에게 책임을 전가시키며 핑계를 대려해도 결국 죄를 저지른 당사자는 인간이라는 사실을 부인할 수는 없습니다. 그러나 이에 대해 많은 사람들은 다음과 같이 반론을 제기합니다.

　"죄를 저지른 것은 사람이지만 하나님께도 책임이 있지 않느냐?" "하나님이 모든 것을 알고 계신다면 인간이 타락할 것도 미리 아셨을 텐데 왜 선악과를 만들어 시험을 하셨느냐?" "미리 타락할 것을 알면서도 선악과를 만든 것은 하나님이시니까 결과적으로 인간 타락의 책임은 하나님에게 있는 것이 아닌가?"

악의 기원에 관한 생각을 종합해 보면 악의 기원을 그 누구에게도 둘 수 없음을 깨닫게 됩니다. 물론 우리는 각자의 신앙에 따라 악의 기원을 하나님에게나 사탄 혹은 인간에게 둘 수 있습니다. 그러나 세 가지 입장 중에 하나를 취한다고 해도 그것의 논리적인 모순을 피할 수는 없습니다. 따라서 우리는 악의 기원에 대해 모른다고 답하는 것이 오히려 바람직합니다. 성경이 악의 기원에 대해 분명하고 자세하게 기술하지 않기 때문입니다. 실제로 악의 기원, 삼위일체론, 예수님의 재림시기에 관한 문제는 기독교의 3대 불가사의입니다. 인간의 지식의 한계로는 알 수 없는 것이 악의 기원입니다.

### 3. 그러나 종말에 하나님은 악을 반드시 심판하십니다.

우리가 악의 기원에 대해 알지 못해도 그것은 큰 문제가 되지 않습니다. 악의 기원과는 상관없이 이 세상에는 분명 악이 존재합니다. 그래서 많은 학자들은 악의 기원보다 현재의 악에 관심을 두고 있습니다. 그 중 한 사람이 바로 마틴 루터입니다. 루터는 '하나님이 악을 통하여 선을 이루신다.' 라고 말했습니다. 기독교 안에서 악의 문제는 성경의 가르침에 의해서만 설명될 수 있습니다. 이것이 바로 기독교의 '신정론' 입니다. 사람들 모두가 부활하여 마지막 심판을 받을 때에 하나님의 정의가 확실히 드러나게 될 것입니다.

즉 악의 문제는 종말의 관점에서만 이해될 수 있습니다. 물론 기독교의 종말은 예수님의 재림을 의미합니다. 예수님이 재림하실 때에 모든 악은 심판 받을 것입니다. 그리고 의인들은 위로를 받을 것입니다. 억울한 일을 당한 사람들은 보상을 받을 것입니다. 그 때에 세상의 불공평과 악의 문제에 대한 모든 의문점들이 다 풀리게 될 것입니다. 또한 하나님의 주권이 회복되며, 그 분의 공평과 의로우심이 우뚝 세워지게 될 것입니다.

그러므로 악을 확실하게 처벌할 수 있는 시점, 즉 하나님의 마지막 심판이 있기 전까지, 인간들은 번성 중에 있는 악의 모습을 목도하게 되고, 결국 하나님의 통치에 의문을 제기할 수밖에 없습니다. 그러나 하나님은 자신의 주도권에 대한 도전을 단호하게 거절하시는 분입니다. 천지만물을 창조하신 하나님, 아담과 하와의 불순종으로 시작해서 예수 그리스도를 통해 절정에 다다른 하나님의 거대한 구원의 역사는 그 자체로 그 분의 주도권을 나타냅니다. 따라서 주도권자인 하나님은 현실에 존재하는 작은 악조차도 살피고 계십니다. 종말의 날에 하나님은 악의 뿌리까지 전부 제거하실 것입니다.

하나님은 이 세상을 다스리고 계십니다. 그 분은 현재의 우리도 다스리고 계십니다. 하나님의 은혜는 죄악이라는 장애물을 뚫고 우리에게 임합니다. 우리는 보이는 기적과 보이지 않는 기적으로 가득 찬 삶을 통해 그 분의 다스리심을 체험할 수 있습니다. 또한 곳곳에서 악에 대한 승리의 소식을 들을 수 있습니다. 우리는 그런 소식을 들을 때마다 기뻐할 수 있어야 합니다. 이 하나님의 승리는 미래의 승리를 나타내기 때문입니다.

만약 하나님의 심판도 없고 종말도 없다면 어떻게 될까요? 그렇다면 우리의 삶은 무의미해질 것입니다. 선과 악이 아무런 차이가 없고 죽음 이후에 아무것도 없다면 말입니다. 그렇다면 이 세상에 사는 것보다 차라리 일찍 죽는 것이 낫다고 느낄지도 모릅니다. 그러나 우리는 무의미한 삶을 살아가는 사람들이 아닙니다. 그와는 반대로 영원한 삶을 바라보는 크리스천입니다. 우리는 삶에 대해 강한 희망과 믿음을 소유해야 할 것입니다.

### 4. 그러면 우리가 현재적인 악을 어떻게 극복할 수 있을까요?

세상에 존재하는 악의 문제로 인해 우리는 삶의 의미와 목적에 대해 회의를 느끼게 됩니다. 아무리 착하게 열심히 살아도 도무지 인생이 나아지지 않고, 나의 희생과 착한 심성을 이용하여 승승장구하며 게으르게 놀고먹는 악한 사람들이 있다면 어찌 삶이 허무하지 않겠습니까? 도대체 무슨 보람으로 왜 살아야하는지 온통 허무감으로 가득 차 있는 사람들에게 기독교인들은 어떤 말을 해 줄 수 있을까요? 이제 마지막으로 허무주의에 대한 기독교적인 답변을 제시하고자 합니다.

그 해답은 바로 예수님 입니다. 예수님을 통해서 세상을 바라보는 것입니다. 세상의 모든 문제들, 심지어 세상의 부조리와 악의 문제조차도 예수님을 통해서 보아야 합니다. 하나님께서 이 세상을 창조하시고 인간을 창조하셨습니다. 그러나 인간은 죄를 범하여 타락했으며, 인간이 사는 세상 속에 악이 가득하게 되었습니다. 그래서 하나님은 인간을 구원하시려 예수님을 보내주셨습니다. 인간은 예수님을 통해서만 새로워질 수 있습니다. 세상 역시 예수님을 통해서만 새로워질 수 있습니다.

우리는 예수님의 고난을 통해 죄 많은 인간을 구원하시려는 하나님의 사랑과 용서를 볼 수 있습니다. 예수님은 하나님이 인류에게 보여주신 완벽한 사랑입니다. 예수 그리스도를 하나님과 세상의 중보자로, 화해자로 세우셨습니다. 하나님은 죽음을 이기고 부활하신 예수님을 통해 악의 힘을 이길 수 있음을 보여주셨습니다. 다시 말해서 악은 예수 그리스도 앞에 꼼짝할 수 없다는 것입니다. 그러나 악은 심판 때까지 하나님을 훼방하며 인간들을 괴롭힐 것입니다. 그러나 이러한 악의 몸부림조차도 예수 그리스도의 재림에 의해서 끝날 것입니다.

예수님께서 우리에게 약속해 주셨습니다. 예수님이 행한 일보다 더 큰 일을 우리가 할 것이라고 말입니다. "내가 진실로진실로 너희에게 이르노니 나를 믿는 자는 나의 하는 일을 저도 할 것이요 또한 이보다 큰 것도 하리니 이는 내가 아버지께로 감이니라." (요14:12)

더 이상 우리들의 삶은 무의미하지 않습니다. 예수님을 중심으로 살아갈 때 삶의 의미와 목적을 발견하게 됩니다. 또한 예수님을 통해 우리 삶의 크고 작은 문제들도 뛰어넘을 수 있습니다. 하나님의 약속을 믿고 나아갈 때 우리는 세상에서 악을 이기는 능력을 발휘할 수 있을 것입니다. 예수 그리스도가 바로 그 힘이며 능력입니다.

**토론사항**

1. 당신은 세상을 살아가면서 사회적인 부조리와 모순을 경험한 적이 있는가? 만약 있다면, 당신이 경험한 사회적 불의에 대한 느낌은 어떻습니까?

2. 악이란 무엇인가?

3. 기독교인들에게 악의 문제가 왜 그렇게 중요한가?

4. 악의 기원에 3가지 견해 중에 당신은 어떤 견해를 따르는가?
   왜 그렇게 생각하는가?

5. 기독교인으로서 악을 어떻게 이해할 것인가?

6. 기독교인으로서 악을 어떻게 극복해야 하는가?

7. 예수님께서는 자신을 죽이려는 악한 세력과 사회 · 종교적 구조에 대해서는 침묵하셨던 반면 하나님의 성전 앞에서 종교적 행사를 위해 편의를 제공하던 장사꾼들에게는 분노를 표현하셨다(마태복음 21:12-13). 내가 분노하게 되는 때는 과연 언제인가? 그 분노는 과연 하나님의 나라와 정의를 이루어 가고자 하는 마음의 표현인가?

8. 사도 바울이 에베소서 6장 12절에서 말하고 있는 "우리의 씨름은 혈과 육에 대한 것이 아니요 정사와 권세와 이 어두움의 세상 주관자들과 하늘에 있는 악의 영들에게 대함이라"는 말은 무슨 의미인가?

Which religion is true?

# 어느 종교가
# 진짜 인가?

6

현대인들이 믿는 종교는 매우 다양합니다. 열렬하게 종교를 신봉하는 사람일수록 자

신이 믿고 있는 특정 종교가 참된 종교이며 진리라고 주장합니다. 어느 종교를 선택

할 것인가를 고민하는 사람 입장에선 혼란스러움을 느낄 수밖에 없습니다.

현 대인들이 믿는 종교는 매우 다양합니다. 열렬하게 종교를 신봉하는 사람일수록 자신이 믿고 있는 특정 종교가 참된 종교이며 진리라고 주장합니다. 어느 종교를 선택할 것인가를 고민하는 사람 입장에선 혼란스러움을 느낄 수 밖에 없습니다. 하지만 다행스럽게도 대중매체의 발달로 인해서 여러 다양한 종교에 대해서 좀 더 많은 정보를 쉽게 접할 수 있는 시대가 되었습니다. 따라서 현대는 다양한 문화와 종교들 간에 새로운 문화적 융합이 이루어지는 시기라고 볼 수 있습니다. 이러한 융합의 관점에서 볼 때 모든 종교의 기원과 발전에는 유사한 점이 많다는 것을 알 수 있습니다.

유대교는 이스라엘 민족의 역사와 함께 독자적으로 발전하였지만, 기독교는 유대교에서 파생되었습니다. 그리고 유대교와 기독교와의 접촉을 통해서 발전된 종교가 이슬람교입니다. 힌두교는 인도 고유의 종교 사상들이 결합되어 만들어졌으며, 불교는 힌두교의 금욕적인 문화에 대해 반응하면서 발전되었습니다.

또한 주요 종교들로부터 파생된 분파 또는 이단 종파들이 있습니다. 이슬람교에서 바하이교가 나왔습니다. 기독교에는 몰몬교, 여호와의 증인, 크리스챤 사이언스가 있습니다. 개신교와 신유교와 불교를 혼합한 통일교도 있습니다. 또한 힌두교와 이슬람교에서 나온 시이크교가 있습니다. 이외에도 한국 개신교에서 새롭게 발전된 이단 종파도 수없이 많습니다.

**다양한 종교들은 서로간의 공통점과 차이점이 있습니다.**

이러한 다양한 종교들의 기원은 서로 복잡하게 얽혀 있습니다. 그렇기 때문에 역사적으로 볼 때 그 어느 종교도 독자적으로 발생한 종교는 없습니다. 더군다나 매스컴이나 통신의 발달로 종교들 간에 서로 영향을 주고받을 수 밖에 없는 현대와 같은 시대에는 더더욱 고립된 종교란 있을 수 없습니다.

역사적으로 볼 때 모든 종교들은 서로 영향을 주고받았습니다. 묵주를 사용하는 것은 불교에서부터 이슬람교와 가톨릭에 이르기까지 공통적입니다. 대다수의 종교 의식에서는 공통적으로 촛불과 향료가 사용됩니다. 힌두교도와 기독교인은 공통적으로 거룩한 떡을 먹습니다. 이슬람교와 힌두교, 그리고 시이크 교도들은 성소에 들어갈 때 신발을 벗습니다. 우리는 이처럼 종교들 간의 유사성을 쉽게 발견할 수 있습니다.

그런데 이러한 종교들 간의 유사성은 위에서 언급한 종교적인 행위에서 뿐만 아니라 종교적인 믿음에서도 찾아 볼 수 있습니다. 기독교와 힌두교는 신이 인간의 모습으로 나타났다는 공통된 교리를 믿습니다. 또한 유대교와 기독교는 "남에게 대접을 받고자 하는 대로 남을 대접하라." 는 황금률을 그 중심사상으로 삼고 있다는 점에서 공통점을 찾을 수 있습니다. 유대교, 기독교 그리고 이슬람교는 한 분 하나님, 즉 유일신을 섬깁니다.

그러나 종교들 간에 현저한 차이점도 있습니다. 기독교는 삼위일체 하나님을 믿고 힌두교는 다신론을 믿습니다. 그러나 유대교와 이슬람교는 그 어느 쪽도 아닌 유일신 하나님을 믿습니다.

## 이 세상에는 배타적인 종교들이 있습니다.

위대한 철학자 헤겔은 기독교를 가장 고등하며 완성된 종교라고 말했습니다. 이렇게 다양한 종교들 가운데 어째서 기독교가 가장 고등하고 완성된 종교라는 평가를 받을 수 있을까요? 만약 기독교만 유일하게 참된 종교라고 가정한다면 우리는 어떻게 그것이 사실이라고 증명할 수 있을까요? 기독교의 진실성을 밝히기 위해서는 철학적이고도 종교학적인 증명이 반드시 필요합니다.

우리는 이제까지 신은 오직 하나라고 하는 유일 신관을 가장 고등한 종교의 형태로 배워왔습니다. 여러분도 아시다시피 세계 3대 유일신교로는 유대교와 기독교, 그리고 이슬람교가 있습니다. 이들은 유일하신한 분의 하나님, 즉 여호와 하나님을 자신들의 신으로 동일하게 부르며 인정합니다. 그래서 이 유일신을 믿는 종교들은 구약성경을 자신들의 경전으로 삼습니다.

이제 우리는 과연 어떤 종교를 믿는 것이 가장 옳은 것인가라는 의문을 가지게 될 것입니다. 이는 어떤 종교를 믿는 것이 가장 합리적인가라는 질문과도 같습니다. 어느 하나의 종교를 선택하려는 당신에게 가장 당혹스러운 것은 모든 종교들이 갖고 있는 배타적인 성격입니다. 배타주의는 하나의 특정 종교를 통해서만 구원을 얻는다는 믿음입니다. 각각의 종교들은 자신의 종교만이 참되다고 주장합니다.

종교의 배타적인 성향은 역사적으로 많은 문제점을 낳았습니다. 배타적인 종교들이 남긴 오점들을 열거한다면, 중세의 십자군 전쟁과 현재의 중동전쟁을 포함하는 종교들 간의 전쟁들, 종교재판, 대학살 등을 예로 들 수 있습니다. 이러한 배타적인 종교들이 남긴 오점을 통해 우리가 깨달아야 할 점은 우리와 다른 믿음을 가진 사람들을 인격적으로 대해야 한다는 것입니다.

### 우리는 다른 종교를 인정할 수는 없는가?

이 지점에서 합리적인 사람들은 '왜 하나님은 특정 종교를 통해서만 구원을 베푸시는 가'라는 질문을 할 수도 있을 것입니다. 이러한 생각들은 종교다원주의, 배타주의 그리고 종교포괄주의라는 개념으로 분류해 볼 수 있습니다.

| 종교다원주의 | 배타주의 | 종교포괄주의 |
|---|---|---|
| ● 다른 종교에도 구원이 있음<br><br>● 종교간 교류와 대화 강조<br><br>● 분명한 신관(神觀)이 없음<br><br>● 결국 무신론적인 믿음(종교의 윤리화) | ● 오직 자신의 종교에만 구원이 있음<br><br>● 타종교를 인정치 않음<br><br>● 분명한 신관(神觀)<br><br>● 전능하신 하나님을 강조<br><br>● 각 종교만의 뚜렷한 믿음 | ● 자신의 종교 때문에 다른 종교에도 구원이 생겼음.<br><br>● 다원주의와 배타주의 갈등해소<br><br>● 종교적 열심이 불필요함<br><br>● 사랑의 하나님을 강조<br><br>● 종말론적 신앙의 상실 |

배타주의는 오직 자신의 종교에만 구원이 있다는, 즉 자신의 종교만 이 진리라고 주장하는 입장입니다. 이와는 반대로 종교다원주의는 하나 님이 모든 종교를 통해서 구원을 베푸신다는 주장입니다. 그러므로 각 종교의 주장은 절대적인 진리이기 보다는 상대적인 진리인 것입니다. 종교포괄주의는 이러한 두 주장에 대한 갈등을 묶어주는 주장입니다. 이제 각 주장들에 대해서 세심하게 살펴보겠습니다.

### 1. 종교다원주의

우리는 "하나님은 다양한 민족들과 다양한 문화들 속에서 각각의 문화에 맞게 자신을 보여주어야 한다."는 생각을 가질 수도 있습니다. 어느 종교든 간에 도덕적으로 올바르게 살아간 성자들이 있습니다. 이들은 하나님과 사람들을 위하여 선하고 의로운 삶을 살았던 사람들입니다. 사람들은 이들 성자들을 통해 인격의 감화를 받고 새로운 사람으로 변화됩니다. 이는 그들의 종교가 살아있다는 증거가 될 수도 있습니다. 그렇다면 신은 모든 사람들이 신을 알고 숭배하기를 원하기 때문에 특정 시대나, 문화 그리고 특정종교에만 자신의 구원을 제한시키지 않을 것이라는 생각을 할 수 있습니다. 결국 이러한 추측은 우리로 하여금 종교다원주의로 이끕니다. 종교다원주의는 특정종교에만 구원이 있다는 배타적인 신앙을 버리고 다른 종교들에게도 구원이 있을 가능성을 인정하는 것입니다. 종교다원주의의 입장은 '시각장애자와 코끼리' 라는 잘 알려진 이야기를 통해 쉽게 이해할 수 있습니다.

코끼리를 이전에 한 번도 본적이 없는 시각장애자들에게 코끼리 한 마리를 끌고 갑니다. 한 시각장애자는 다리를 만져보고서 코끼리는 매우 큰 살아있는 기둥이라고 말합니다. 다른 사람은 몸통을 만져보고서 코끼리는 매우 큰 뱀이라고 말했습니다. 또 다른 사람은 코끼리의 상아를 만져보고서 코끼리는 날카로운 모습이라고 말했습니다.

코끼리에 대한 시각장애자들의 다양한 주장은 그 각각 모두 옳습니다. 그러나 이들은 단지 코끼리의 일면만을 말했을 뿐입니다. 이러한 편협한 주장이 나오게 된 이유는 시각장애자들에게는 코끼리를 전체적으로 바라볼 수 있는 시야가 없었기 때문입니다.

종교다원주의는 각 민족과 종족이 특정의 역사와 문화에 너무나 깊숙이 길들여져 있기 때문에 특정 종교에만 구원이 있다는 편협한 주장을 한다는 것입니다. 이러한 종교다원주의는 문화적 상대주의를 그 바탕에 깔고 있습니다. 문화적 상대주의란 하나의 문화만을 절대적으로 볼 것이 아니라 서로 입장을 상대적으로 보아야 한다는 입장입니다.

종교 다원주의자들은 하나님이 예수를 통해 성육신되었고, 오직 예수를 통해서만 하나님이 계시된다는 주장을 반대합니다. 이들은 하나님이 인간이 되셨다는 성육신 교리 자체를 부정합니다. 이들은 진정한 종교는 인격의 변화라고 주장합니다. 종교가 각 개인의 인격을 변화시키는데 성공한다면 그 종교는 참이라고 주장합니다. 종교다원주의 입장에서 종교의 의의는 신 중심적인 삶에서 개인중심적인 삶으로 변화되는데 있습니다. 서로 다른 종교적인 믿음들은 인격 변화의 수단으로 중요할 뿐이지 그 믿음 자체의 절대적이고 고유한 중요성은 가지고 있지 않습니다. 이러한 다원주의적 입장은 언뜻 보기에 매우 매력적입니다. 다른 종교를 인정하면서 그 종교의 좋은 점들을 수용할 수 있습니다. 불필요한 종교적 갈등이나 이로 인한 민족 간의 분쟁을 막을 수도 있습니다.

### 종교 다원주의의 문제점은 무엇인가?

그러나 신보다 인격을 우선시 한다는 점에서 종교 다원주의는 공산주의의 유물론적 무신론과 별 차이가 없습니다. 또한 어떤 종교든지 다 인정하는 종교 다원주의는 하나님과 자연을 동일시하는 범신론과도 상당한 유사점이 있다고 볼 수 있습니다. 결국 종교다원주의는 하나님이 어떤 분인가에 대해서 분명하게 제시하지 못할 뿐만 아니라 결과적으로 하나님의 살아계심조차도 부정하는 불신앙의 일종입니다.

종교 다원주의적 입장에서는 신앙인들이 독실하고도 배타적인 신앙을 버리는 것이 옳습니다. 종교 다원주의자는 기독교의 진실성을 무조건 의심하고 보는 회의주의적 입장을 취합니다. 독실하게 신앙생활을 하는 종교인의 경우에 이런 종교 다원주의는 매우 거북하고 대하기 껄끄러운 이론일 것입니다. 그렇다고 해서 기독교인들이 무조건적으로 다원주의적인 통찰을 거부할 수만은 없습니다. 다원주의적인 입장이 없이는 다른 종교인들과 대화를 가질 수 없기 때문입니다.

### 2. 배타주의

이제 배타적인 종교들의 특성을 살펴보겠습니다. 비록 다른 종교들이 아무리 경건하고 도덕적이라도 그들의 종교를 통해서는 결단코 구원을 얻지 못한다고 생각하는 관점이 종교 배타주의입니다. 이러한 배타적인 종교관을 갖고 있는 사람들은 전도와 선교에 대한 열정이 뜨겁습니다. 배타적인 종교들의 특징은 참된 구원은 오직 신의 은총에 의해서만 이루어진다고 주장한다는 점입니다. 자신들을 구원하려는 인간적인 시도들은 반드시 실패할 것이고 진정한 구원은 신의 전능하시고 주권적인 능력에 의해 달성되는 것이라고 말합니다.

### 기독교는 배타적인 종교들 중의 하나입니다.

기독교에서는 예수님을 통해서만 하나님의 참된 계시가 이루어진다고 주장합니다. 예수를 통하지 않고는 하나님을 알 수도 없고, 만날 수도 없다고 주장합니다.

> "다른 이로서는 구원을 얻을 수 없나니 천하 인간에 구원을 얻을 만한 다른 이름을 우리에게 주신 일이 없음이니라 하였더라." (행 4:12)

기독교는 하나님이 예수 그리스도를 통해서 우리에게 특별하게 진리를 보여주시고, 우리가 하나님과 화해하고 하나가 될 수 있는 길을 열어주셨다고 믿습니다.

기독교는 계시의 종교입니다. 다시 말해 기독교의 배타주의는 단순히 이기주의에 기초한 것이 아니라는 것입니다. 기독교의 배타주의는 계시된 말씀에 근거한 것입니다. 예수 그리스도는 바로 하나님의 특별 계시인 것입니다. 예수를 통하지 않고는 그 누구도 하나님께 나아갈 수 없습니다.

"예수께서 가라사대 내가 곧 길이요 진리요 생명이니 나로 말미암지 않고 는 아버지께로 올 자가 없느니라." (요 14:6)

기독교의 신앙에서 볼 때, 다른 종교들은 인간이 하나님께 나아가려 고 하는 인간적인 시도로서, 결국 불가능한 시도일 뿐입니다. 반면에 기 독교는 하나님이 인간을 찾아오신 특별한 종교입니다.

그러나 기독교만이 다른 종교에 대하여 배타적인 성향을 갖고 있지는 않습니다. 배타적인 종교들은 자신들의 종교 지도자나 창시자를 하나님 의 유일한 계시자로 봅니다. 기독교에서는 예수, 이슬람교에서는 마호 메트, 불교에서는 석가모니를 하나님의 계시자 또는 중보자로 주장합니 다. 각각의 종교는 하나님이 그 종교의 창시자를 통해서 나타났다고 믿 는 것입니다.

### 3. 종교포괄주의

기독교는 자신의 배타적인 신앙을 유지하면서도 다른 종교를 인정할 수는 없는가?

그렇다면 배타적인 신앙을 유지하면서도 다른 종교의 진실성을 인정 할 수는 없을까? 그 해답은 종교포괄주의에 있습니다. 종교포괄주의자 들은 구원이 오직 한 종교를 통해서 이루어진다고 보는 점에서 종교다원 주의자들과는 다릅니다. 종교포괄주의는 오직 한 종교에서만 구원이 이 루어진다고 믿는다는 점에서 오히려 종교배타주의에 가깝습니다. 그러나 종교포괄주의는 종교배타주의의 한계를 넘어선다는 점에서 그 차이가 있습니다. 포괄주의는 한 종교의 절대적인 진리를 옹호하는 배타적인 입장을 취하지만 다른 종교인들도 자신의 종교로 인해 구원될 수 있음을 주장합니다. 결국 종교포괄주의는 배타주의와 다원주의의 혼합입니다.

가톨릭의 유명한 신학자인 칼 라너(1904-1984)가 바로 종교포괄주의의 대표자입니다. 그는 예수 그리스도만이 하나님의 유일한 계시임을 주장합니다. 또한 오직 예수를 통해서만 우리가 구원받을 수 있음을 주장합니다. 하지만 그는 모든 사람들이 구원받기를 하나님이 원하신다는 사실을 강조합니다.

라너는 예수의 속죄와 구원사역을 온 인류를 위한 역사적이고 객관적인 사건으로 받아들입니다. 그에 의하면 하나님은 예수의 구원사역의 결과를 온 인류에게 적용하신다는 것입니다. 심지어 예수에 대해 전혀 들어보지도 못한 이교도나 타종교인들 조차도 예수 그리스도를 통한 하나님의 구원에 적용된다는 것입니다. 결국 예수 그리스도의 십자가의 희생과 죽음은 죄 가운데 있는 온 인류를 구원하기위한 하나님의 속죄행위였다는 것입니다. 하나님은 예수의 이름을 듣고 그를 믿는 사람들에게만 구원을 베푸시는 그러한 편협하고 불공평한 하나님이 아니라는 것입니다.

포괄주의자 라너는 바로 공의와 사랑의 하나님을 강조하는 것입니다. 라너의 포괄주의적인 입장은 보편구원론 혹은 만인구원론이라고 불립니다. 기독교 이전에 살았던 많은 이스라엘 사람들 그리고 다른 종교들을 신봉했던 사람들에 대해서도 예수의 속죄사역이 적용이 된다는 것입니다. 또한 기독교의 복음을 들어보지 못한 현재의 타문화권 사람들도 마찬가지로 구원을 받는다는 것입니다. 그러므로 예수 그리스도의 구원 사건은 타락한 온 인류를 위하여 베푸신 하나님의 객관적이고 역사적이며 그리고 보편적인 구원행위인 것입니다. 그러므로 라너는 예수를 믿지 않는 타 종교인들을 '익명의 기독교인들'이라고 부릅니다. 기독교에 대한 배타적인 신앙을 유지하면서도 다른 종교를 믿는 사람들에게도 구원의 가능성을 제시하는 종교포괄주의는 관대하면서도 매력적인 신앙으로 보입니다.

### 종교 포괄주의의 문제점은 무엇인가?

그러나 독실한 기독교인들로서는 종교포괄주의가 각 개인의 주관적인 믿음을 너무 지나치게 간과하고 있다는 점에서 비판하지 않을 수 없습니다. 성경은 예수님에 대한 주관적이고 개인적인 신앙고백만이 각자의 영혼을 구원한다는 점을 분명히 말하고 있습니다. 성경은 "사람이 마음으로 믿어 의에 이르고 입으로 시인하여 구원에 이르느니라."(롬 10:10)고 말씀하고 있습니다. 또한 "예수께서 여자에게 이르시되 네 믿음이 너를 구원하였으니 평안히 가라 하시니라."(눅 7:50)라는 말씀을 통해서는 각자의 개인적인 믿음이 자신의 영혼을 구원할 수 있다는 사실을 보여줍니다.

또한 종교포괄주의는 기독교에 대한 종교적 열심을 약화시킨다는 점에 문제점이 있습니다. 종교포괄주의는 굳이 기독교에 열심을 품을 필요성을 상실시킵니다. 어느 종교를 믿든지 간에 예수를 통한 하나님의 구원이 온 인류를 위해 성취되었다면 기독교라는 특정종교에 대한 열심과 열정을 가질 필요가 없는 것입니다.

틸리히라는 신학자의 말대로 만일 종교가 궁극적인 관심에 사로잡힌 상태라면, 우리는 우리를 죄에서 용서해주시는 예수 그리스도에 대한 관심에 사로잡혀야 합니다. 종교는 우리의 일상과 함께하는 문화의 일부가 되어야만 합니다. 즉 구원을 받기 위해서는 개인의 삶과 모든 민족의 문화는 무엇인가 궁극적인 것에 사로잡혀 있어야만 합니다. 그러나 종교다원주의와 포괄주의는 우리로 하여금 종교에 대한 관심이나 열정을 떨어뜨립니다.

종교다원주의는 어쩌면 하나님이 없이도 살아갈 수 있는 불신앙적이고 인간적인 삶을 권장하는 것 같습니다. 또한 종교포괄주의는 종교에 대한 개인적인 관심이나 열정을 빼앗기 때문에 결과적으로 우리로 하여금 예수 그리스도를 향한 개인적인 헌신과 사후에 있을 마지막 심판에 대한 소망을 사라지게 만듭니다.

### 4. 기독교는 결단코 자신의 배타적인 신앙을 양보할 수 없습니다.

우리 기독교인들로서는 다시 배타적인 기독교 신앙으로 돌아오지 않을 수 없습니다. 구원은 오직 예수 그리스도를 통해서만 이루어진다는 믿음으로 말입니다. 예수 그리스도는 하나님의 유일한 계시이고, 그를 통해서만이 하나님을 만날 수 있다는 신앙을 꼭 붙잡는 것입니다. 이것은 기독교인들의 불필요한 고집이 아니라 "예수께서 가라사대 내가 곧 길이요 진리요 생명이니 나로 말미암지 않고는 아버지께로 올 자가 없느니라(요 14:6)."라는 성경의 분명한 선언을 믿는 것입니다.

비록 예수 그리스도의 동정녀 탄생, 부활과 같은 신화적인 사건들이 과학적으로 검증이 되지 않더라도 예수를 개인적으로 만난 사람들은 결단코 그를 부인할 수 없습니다.

"내 양은 내 음성을 들으며 나는 저희를 알며 저희는 나를 따르느니라."
(요 10:27)

예수를 알지 못하고 예수를 핍박하던 유대인 바울은 예수를 만난 이후로 그를 위해 일생을 바치는 선교사가 되었습니다. 이는 바울의 증언입니다.

"내가 이 도를 핍박하여 사람을 죽이기까지 하고 남녀를 결박하여 옥에 넘겼노니 이에 대제사장과 모든 장로들이 내 증인이라 또 내가 저희에게서 다메섹 형제들에게 가는 공문을 받아 가지고 거기 있는 자들도 결박하여 예루살렘으로 끌어다가 형벌을 받게 하려고 가더니 가는데 다메섹에 가까왔을 때에 오정쯤 되어 홀연히 하늘로서 큰 빛이 나를 둘러 비춰매 내가 땅에 엎드러져 들으니 소리 있어 가로되 사울아! 사울아! 네가 왜 나를 핍박하느냐 하시거늘 내가 대답하되 주여 뉘시니이까 하니 가라사대 나는 네가 핍박하는 나사렛 예수라 하시더라." (행 22:4-8)

예수를 만난 사람들에게 있어 예수는 그들의 운명을 걸어야 할 궁극적인 분이십니다.

종교는 단순한 인격의 변화만이 그 내용이 아닙니다. 종교는 신앙인의 운명을 거는 것입니다. "나를 따르라"는 예수님의 말씀은 우리 기독교 신앙의 핵심입니다. 기독교 신앙은 예수를 개인적으로 믿고 따르면서 자신의 운명까지도 맡기는 것입니다. 종교가 궁극적인 관심에 사로 잡힌 상태라면, 궁극적 관심의 대상으로서의 궁극적 존재는 바로 예수 그리스도입니다. 예수를 개인적으로 만나고 체험한 사람들에게는 예수에 대한 신앙은 절대적인 것입니다.

### 유일한 길이신 예수님

복음주의 기독교 사상가 존 스토트에 의하면, 성서를 통해 예수의 생애를 고찰하게 될 때 예수에 대한 3종류의 견해를 가지게 된다고 합니다. 그 첫째는 예수는 정신병자일 가능성입니다. 둘째는 그가 위대한 종교 사기꾼일 가능성입니다. 셋째로 예수는 진실로 하나님의 아들일 가능성입니다.

만약 예수님이 사기꾼이 아니라 정신병자였다면, 예수님은 자신이 정말로 하나님의 아들이라고 스스로 믿었고 또한 그것을 자신의 제자들에게 가르쳤을 것입니다.

둘째로, 예수님이 종교 사기꾼이었다면, 그는 자신이 하나님의 아들이 아니라는 사실을 알면서도 자신을 속인 것이고 또한 자신의 제자들을 속인 것입니다. 그렇다면 그는 유대교에서 나온 이단 사이비 교주가 되는 것입니다.

셋째, 그러나 만약 예수님이 정말 하나님의 아들이라면, 기독교는 참된 종교이며 성경에 나타난 모든 초자연적인 기록들은 우리가 믿고 따라야 할 진리인 것입니다.[10]

인도의 성자 썬다 싱은 1889년 9월 3일에 인도에서 대지주의 아들로 태어났습니다. 그의 어머니는 독실한 힌두교도였으며 썬다 싱이 14살 되는 해에 죽었습니다. 그녀는 죽기 전에 썬다 싱에게 훌륭한 종교가가 되라고 유언을 했습니다. 그는 15세에 이미 어려운 철학이나 종교서적을 섭렵했으나 인생의 심오한 진리를 터득할 수는 없었고 그로 인해 심각한 고민에 빠지기 시작했습니다. 그는 당시에 기독교 학교를 다니고 있었는데, 힌두교는 물론 기독교에서도 자신의 고민을 해결할 수 없음을 깨닫고, 1904년 12월 18일에 기독교에 관련된 성경과 서적들은 모조리 불태워 버렸습니다.

그는 허무와 절망 속에서 주체할 수 없는 자신을 발견하고 자살을 하기로 마음먹었습니다. 그래서 새벽 5시에 지나가는 급행열차에 몸을 던지려고 철로 변으로 나갔습니다. 그리고 속으로 외쳤습니다. "힌두교의 신이든 기독교의 신이든 내가 어떻게 하면 좋을지 대답해 주시오!" 이때에 기적적으로 예수께서 나타나 "어째서 나를 핍박하느냐, 나는 너를 위하여 십자가를 졌다. 이젠 네가 나를 위하여 십자가를 질 때다."라고 말씀하셨습니다.

이렇게 해서 그는 살아도 주를 위해 살고 죽어도 주님을 위해 죽겠다는 결단을 하게 되었습니다. 그는 예수의 복음을 전하는 세계적인 하나님의 종이 되었습니다.

"유대인은 표적을 구하고 헬라인은 지혜를 찾으나 우리는 십자가에 못 박힌 그리스도를 전하니 유대인에게는 거리끼는 것이요 이방인에게는 미련한 것이로되 오직 부르심을 입은 자들에게는 유대인이나 헬라인이나 그리스도는 하나님의 능력이요 하나님의 지혜니라." (고전 1: 22-24)
예수라는 인간을 하나님의 아들로 고백하는 기독교는 철학적이고 과학적인 시각에서 받아들이거나 이해하기가 어려운 종교일 것입니다. 그러나 예수를 만난 사람들은 그를 통해 하나님을 경험하며 영생을 소유하게 됩니다. 그래서 기독교인들은 예수라는 청년에게 자신들의 운명을 거는 것입니다. 마태복음은 예수를 믿는 것을 '감춰진 보화의 비유'로 설명합니다.

> "천국은 마치 밭에 감추어진 보화와 같으니 사람이 이를 발견한 후 숨겨 두고 기뻐하여 돌아가서 자기의 소유를 다 팔아 그 밭을 샀느니라."

사실 2000년 전 유대 땅에서 태어난 예수를 직접 눈으로 보고 만졌던 유대인들은 예수를 거부하고 그를 처형했습니다. 그러나 기독교인들은 예수를 직접 눈으로 보지도 못한 채 단지 성경의 증언만으로 그를 하나님의 아들로 고백합니다. 이 얼마나 놀라운 믿음입니까?

하나님의 존재는 인간이 증명할 수도 없고 또한 알 수도 없다는 것이 현대철학의 결론입니다. 이런 면에서 예수를 하나님의 아들로 고백하는 기독교는 정말 이성적으로 납득하기가 어려운 신앙입니다. 그래서 "나는 이해하기 위해서 믿는다."라는 어거스틴의 명언이 기독교 신앙을 가장 역설적으로 설명한다고 볼 수 있습니다. 예수에 대한 신앙은 이성적으로 도저히 이해할 수 없지만 믿고 나면 이해되는 것입니다. 결과적으로 하나님에 대한 이해는 예수를 믿는 신앙을 가진 뒤에 따라오는 하나님의 선물인 것입니다.

기독교는 하나님이 인간에게 직접 찾아오셔서 자신을 보여주신 계시의 종교입니다. 우리 기독교인들은 예수 그리스도를 통해 하나님을 만나게 되고, 이로 인해 영생을 선물로 받게 됩니다. 혼란한 시대에 분명한 하나님의 말씀을 붙잡으십시오. 하나님의 말씀은 결코 일점, 일획도 틀림이 없다고 성경은 선언합니다.

1. 이 세상에는 다양한 종교들이 있다. 다양한 종교들 간의 공통점과 차이점은 무엇인가?

2. 다른 종교를 인정하지 않는 배타적인 종교들의 특징은 무엇인가?

3. 기독교는 배타적인 종교인가? 그렇다면 왜 그런가?

4. 종교 다원주의는 무엇인가? 종교 다원주의의 문제점은 무엇인가?

5. 종교 포괄주의는 무엇인가? 종교 포괄주의의 문제점은 무엇인가?

6. 당신은 기독교만을 진정한 종교로 받아들이는가?
   기독교는 왜 배타적인 신앙을 양보할 수 없는가?

Oh, you human being!

# 오 !
# 인간이여!

하나님의 형상대로 지음을 받은 인간은 동물과는 비교할 수 없는 존귀함을 갖

고 있습니다. 그런 면에서 원숭이를 인간의 조상으로 여기는 진화론자들의 주

장은 참으로 어처구니없는 생각이 아닐 수 없지요. 하나님의 형상대로 창조되

었으며, 만물을 다스리는 권세를 받은 존귀한 인간을 동물과 동일시할 수 없습

니다.

# 하나님은 인간을 아주 특별하게 만드셨습니다.

"하나님이 가라사대 우리의 형상을 따라 우리의 모양대로 우리가 사람을 만들고. . . 하나님이 자기 형상 곧 하나님의 형상대로 사람을 창조하시되 남자와 여자를 창조하시고." (창 1:26-27)

인간은 하나님의 형상을 따라 지음을 받았기에 만물의 영장이라 말할 수 있습니다.

하나님의 형상대로 창조된 인간은 하나님께로부터 만물을 다스리는 권세를 위임받았습니다. "하나님이 그들에게 복을 주시며 그들에게 이르시되 생육하고 번성하여 땅에 충만 하라, 땅을 정복하라, 바다의 고기와 공중의 새와 땅에 움직이는 모든 생물을 다스리라 하시니라." (창 1:28)

인간은 정말로 존귀하게 창조되었습니다. 하나님은 인간에게 만물을 다스리는 영광을 주셨습니다. 시편 기자는 "저를 천사보다 조금 못하게 하시고 영화와 존귀로 관을 씌우셨나이다." (시 8:5)라고 말합니다.

하나님이 유일하게 자신의 생기를 불어넣어 창조한 존재가 바로 인간입니다. 그래서 인간은 영적인 존재입니다. 하나님의 형상이란 하나님께서 인간에게만 특별히 부여하신 영적인 성품입니다. 인간에게 영적인 성품이 주어졌기 때문에 인간은 하나님과의 관계를 회복할 수 있는 근거를 가지고 있습니다. 영적인 성품을 가진 인간은 다른 동물이 할 수 없는 놀라운 능력을 가지고 있습니다. 하나님의 형상이란 만물을 통해서 하나님의 능력과 신성을 깨달아 하나님을 알아볼 수 있는 영적 인식 능력을 말합니다. 영적인 성품은 유전자에 의해서 구현할 수 있는 생물학적인 기능이 아닙니다. 이것은 하나님께서 인간에게만 주권적으로 부여해 주신 아주 특별한 성품입니다.[11]

동물은 혼만 있고 영이 없는 존재입니다. "인생의 혼은 위로 올라가고 짐승의 혼은 아래 곧 땅으로 내려가는 줄을 누가 알랴." (전 3:21)

하나님의 형상대로 지음을 받은 인간은 동물과는 비교할 수 없는 존귀함을 갖고 있습니다. 그런 면에서 원숭이를 인간의 조상으로 여기는 진화론자들의 주장은 참으로 어처구니없는 생각이 아닐 수 없지요. 하나님의 형상대로 창조되었으며, 만물을 다스리는 권세를 받은 존귀한 인간을 동물과 동일시할 수 없습니다. 그러면 이제부터 인간이 누구인지, 동물과 비교해서 이야기해 보겠습니다.

## 1. 인간은 무엇인가?

### (1) 인간은 언어적 존재입니다.

원숭이와는 달리 인간은 아주 발달된 언어를 가지고 있습니다. 지구상에는 대략 8000가지의 언어가 존재한다고 합니다. 대부분의 언어들은 수십 만 개 이상의 어휘들을 가지고 있습니다. 그 어휘로 아주 다양한 표현을 합니다. 그 많은 언어들 중 특히 한국어는 아주 풍부한 표현이 가능한 언어입니다. 예를 들면, 노랗다; 노르스름하다; 누렇다; 누르스름하다; 샛노랗다; 푸르다; 푸르스름하다; 푸르죽죽하다. 등 세밀한 표현을 할 수 있습니다. 뿐만 아니라 인간은 이러한 정교한 언어를 활용해서 일종의 언어 예술인 문학을 합니다. 소설을 씁니다. 시를 씁니다. 편지를 씁니다. 논문을 씁니다. 보고서를 작성합니다. 편지를 쓰는 원숭이를 보셨습니까? 시를 쓰는 침팬지를 보셨습니까? 언어 구사 능력은 동물이 흉내 낼 수 없는 인간만의 독특한 특권입니다. 인간은 언어를 통해 대화를 합니다. 연설을 합니다. 전화로 통화합니다. 말로 사랑을 표현합니다. 또한 문자 언어로 역사를 기록합니다. 우리는 과거에 일어났던 사건들의 기록을 통해 교훈을 받습니다. 그래서 우리는 좀 더 나은 미래를 창조할 수 있습니다. 언어를 사용할 수 있는 특권을 가진 인간은 참으로 존귀합니다.

### (2) 인간은 사회적 존재입니다.

동물들도 사회를 이루어 생활합니다. 하지만 인간만큼 사회적 결속이 뚜렷한 동물은 없습니다. 월급을 받고 직장에 다니는 동물이 있습니까? 인간은 법으로 사회를 통제합니다. 물론 동물도 그들만의 보이지 않는 질서와 법이 존재합니다. 그러나 인간의 법은 성문법입니다. 나라에는 헌법이 있습니다. 나라들 간에는 국제법이 있습니다. 각 주마다 그리고 도시마다 그들 나름대로의 성문화된 법이 있습니다. 거기에 판례법이 있습니다. 법에 따라 처벌을 하고, 중대한 법을 어긴 자들은 감옥에도 보냅니다. 동물사회에는 교도소라 불리는 감옥이 없습니다. 인간사회에는 사회의 질서를 위해 성문법을 제정하는 국회가 있습니다. 또한 그 법을 판결하는 사법부가 있습니다. 그 법을 집행하는 행정부도 있습니다. 아주 잘 발달된 사회적 구조가 인간 사회 속에 존재합니다.

그러나 아무리 똑똑한 동물이라 하더라도 인간처럼 신호등을 만들어 놓고 이를 지키지는 않습니다. 자신들의 땅을 합법적으로 소유하기 위해 땅문서와 집문서를 만드는 동물도 없습니다. 학교를 세워 사회에 적응하는 훈련을 시키는 동물은 인간밖에 없습니다. 인간사회는 정말로 사회성이 고도로 발달된 집단입니다. 어쩌면 인간이 '사회적 존재'라는 것은 만물의 영장이라는 표징일 수도 있습니다.

### (3) 인간은 철학적 존재입니다.

철학하는 동물을 본적이 있습니까? "사느냐, 죽느냐 이것이 문제로다."라고 고민하는 동물을 보셨습니까? 인생의 의미를 묻는 짐승을 보셨습니까? "나는 생각한다. 고로 존재한다."라는 낭만적이고 철학적인 말을 하는 동물을 보셨습니까?" "이것이 합리적인가?" 아니면 저것이 합리적인가?'를 묻는 짐승을 보았습니까? 이성적인 판단과 합리적인 사고를 통해 모든 사건을 판단하는 짐승을 보셨습니까? 모든 사건을 실험하여 검증해보고 그 다음에 받아들이는 짐승이 있습니까? 인간만이 이러한 것들을 할 수 있습니다. 인간은 인생에 대해 철학적으로 질문할 줄 압니다. 철학적인 사고를 하고 질문하고 답을 찾아 나갑니다. 또한 인간은 집단회의를 합니다. 그들이 한 일들을 비판적으로 토론하고 합리적인 제안을 합니다. 참으로 인간만이 철학적인 존재입니다.

### (4) 인간은 문화적 존재입니다.

인간은 예술을 즐깁니다. 음악, 미술, 사진, 조형물, 스포츠를 즐깁니다. 돈을 내면서까지 음악회, 미술 관람회, 사진전, 각종 스포츠에 참가합니다. 스스로 옷을 입는 동물을 보셨습니까? 사시사철 다른 옷을 입고, 패션을 따지면서 옷을 입는 동물은 인간 밖에 없습니다. 인간은 나체를 부끄러워합니다. 부끄러움을 느끼는 것은 인간이 문화적 존재임을 보여주는 것입니다. 아마도 하나님에게 죄를 짓고 하나님을 피하여 숨는 인간의 모습이 바로 옷을 입는 문화로 전환되었을 수도 있습니다. 죄를 지어 숨고 피하는 인간에게 하나님은 옷을 지어주셨던 것입니다. 인간은 옷을 입고 있어야만 안정감을 느끼는 것 같습니다. 동물들은 자신의 알몸을 보여주면서도 아무런 부끄러움을 느끼지 못합니다. 이렇듯 인간은 문명을 가지고 있습니다. 문화재와 역사적 보물들을 소중하게 여깁니다. 문화적 존재로서의 인간은 존귀한 존재입니다.

(5) 인간은 도구적 존재입니다.

자동차나 비행기를 타고 다니는 동물을 보았습니까? 컴퓨터로 인터넷을 즐기는 짐승이 있습니까? 우주여행을 하며 달나라를 다녀 온 동물이 있습니까? 탁구나 테니스를 치는 원숭이를 보았습니까? 아니면 골프를 치는 침팬지를 보았습니까? 인간은 과학을 통해 편리한 도구를 발명하는 아주 특별한 존재입니다. 동물사회에 병원이 있습니까? 의사가 있습니까? 초음파 기계가 있습니까? 아파트에 사는 짐승이 있습니까? 자신의 집을 자물쇠로 잠그고 다니는 동물이 있습니까? 저울을 만들어 무게를 정확히 재는 동물이 있습니까? 어디에서 이러한 도구를 만들 수 있는 지혜가 나오는지 참으로 신기합니다. 도구를 가지고 편리하게 사는 인간은 참으로 특별한 존재입니다.

(6) 인간은 도덕적 존재입니다.

자신이 잡은 먹이를 놓고 이것을 잡아먹는 것이 옳은지 그른지를 따지는 짐승은 없습니다. 다른 사람이 한 일을 도덕적인지 아니면 비도덕적인지 평가하는 짐승을 보았습니까? 뇌물을 받는 동물이 있습니까? 또한 뇌물을 받은 자를 감옥에 집에 넣는 동물을 보았습니까? 인간사회 속에는 도덕과 양심이라는 판단 기준이 있습니다. 자기가 아무리 어떤 일을 하고 싶어도 양심에 꺼리거나 사회적 윤리 기준에 걸리면 그것을 포기합니다. 아직도 인간 안에 하나님의 형상의 흔적이 남아 있어서 양심과 도덕을 강조하는지도 모릅니다. 도덕과 양심을 개인행동의 기준으로 삼는 인간은 존귀한 존재입니다.

### (7) 인간은 종교적 존재입니다.

교회를 짓는 동물을 보았습니까? 시간마다 함께 모여서 예배를 드리는 동물은 없습니다. 성경이나 코란과 같은 경전을 가지고 있는 짐승도 없습니다. 헌금을 하는 동물이 있습니까? 찬송하는 짐승이 있습니까? 많은 무리를 모아놓고 설교하는 동물을 보았습니까?

그러나 우리 인간은 어느 민족이든 종교가 있습니다. 인간은 영적인 존재이기에 영적인 분이신 하나님을 찾습니다. 영이 없이 혼만 있는 짐승들은 하나님을 찾지도 않고 종교를 갖지도 않습니다. 종교적 존재로서 인간은 다른 동물들과 구별되는 특별한 존재입니다.

## 2. 그러나 인간은 타락한 존재입니다.

성경은 인간이 타락한 존재라고 말합니다. 하나님의 명령에 불순종하여 죄를 지은 존재입니다. 사람들은 자신이 죄인이라는 사실을 인정하려 하지 않습니다. 혹자는 기독교가 죄라는 개념을 만들었다고도 말합니다. 그러나 죄는 모든 인간이 겪는 실존하는 현실입니다. 죄는 한 두 사람의 일이 아니라 보편적인 것입니다. 모든 사람이 예외 없이 죄로 인해 시달리고 있습니다.

"선을 행하고 죄를 범치 아니하는 의인은 세상에 아주 없느니라."
(전 7:20)

아무리 도덕적으로 훌륭하다고 해도 그것은 한계가 있습니다. 거룩하신 하나님 앞에 설 수 있는 의인이 세상에는 한 명도 없다는 것입니다. "의인은 없나니 하나도 없으며… 모든 사람이 죄를 범하였으매 하나님의 영광에 이르지 못하더니." (롬 3:10, 23)라고 성경은 말합니다. 이는 죄의 보편성을 말합니다. 여러분은 이 사실을 인정하기가 어려우실 겁니다. 그렇다면 죄의 보편성에 대한 증거들을 한 번 살펴봅시다.

### (1) 죄의 보편성에 대한 증거들

인간 사회에 왜 법이 필요합니까? 그것은 인간들끼리 평화적으로 분쟁을 해결할 수 없기 때문입니다. 개인적 약속만으로는 부족합니다. 그래서 법적인 강제성을 가진 계약서를 작성해야 합니다. 요즈음은 계약서도 교묘하게 속이는 시대이기에 우리는 계약서마저도 믿기 어렵습니다. 친구나 이웃, 친척에게 빌려주는 돈조차도 아무 증인이 없이 건네주면 낭패를 보게 됩니다. 언젠가 라디오 방송에서 남에게 돈을 빌려줄 때는 은행 계좌이체가 가장 좋다고 말하는 것을 들었습니다. 왜냐하면 증거가 남기 때문입니다. 사람이 사는 집은 울타리와 대문만으로는 부족합니다. 자신의 집을 자물쇠로 잠궈야 합니다. 러시아 사람들은 자신의 아파트를 다섯개의 자물쇠로 잠그고 다닙니다. 서로가 서로를 믿을 수 없기 때문입니다. 여행을 할 때 우리는 표를 사고 차를 탑니다. 그 차표를 검사받아야 하고, 마지막엔 그 표를 내고 내려야 합니다.

인간들은 사회의 질서 유지를 위해 법과 규범을 만들었습니다. 그러나 그것만으로도 부족하여 법을 어기는 사람을 단속하는 경찰과 검찰을 만들었습니다. 법정에서 가장 중요한 것이 증거물입니다. 아무도 증거가 없는 발언을 믿어주지 않습니다. 상대방의 말을 녹음하고 녹취한 증거가 있어야만 그것이 효력을 갖게 됩니다. 우리는 서로를 신뢰할 수 없습니다. 이 모든 것이 인간의 죄 때문입니다.

왜 공산주의가 실패하고 자본주의가 성공합니까? 철저히 이기적인 인간들은 자신의 이익을 위한 것이 아니면 열심히 일하지 않습니다. 그래서 인간의 이기적인 속성을 부각시킨 자본주의는 성공한 것입니다. 인간의 건강을 점검하기 위해 개발된 초음파 기계로 우리는 아들인지 딸인지를 구별해서 우리가 원하는 자식을 갖기 위해 낙태를 감행합니다. 인간의 죄성은 이미 인간 삶의 현실 속에 가득 차 있습니다.

### (2) 죄란 무엇인가?

죄란 인간이 하나님의 의도에서 벗어나는 것입니다. 아담과 하와를 만드셨을 때 하나님은 인간과 사랑의 교제를 나누시길 원하셨습니다. 그러나 하나님에게 불순종했기 때문에 인간은 하나님과의 인격적인 관계에서 이탈되었습니다. 이것이 최초의 죄입니다. 이 원죄가 그의 자손인 인류에 전달되었지요. 우리는 이를 죄의 유전이라 말합니다. 우리에게 유전된 죄는 '죄를 지으려고 하는 성향'으로 나타납니다. 하나님으로부터 벗어나려고 하는 '인간의 내적인 악함'이 바로 우리의 죄입니다. 여러분! 유전이라는 것은 참으로 무섭습니다. 우리의 나쁜 성격, 습관 등은 대를 이어 우리 자손에게 전달됩니다. 요즈음 현대의학에 의하면 당뇨, 고혈압, 간질환 같은 질병들도 유전된다고 합니다.

하나님을 부인하고 인간 마음대로 살고자 하는 경향이 아직도 사람들 가운데 팽배해 있습니다. 그것이 현실 속에서 과학만능주의로, 철저한 이기주의와 개인주의로, 무신론적 철학으로, 공산주의 유물론으로, 진화론으로 드러납니다. 살인하며 강도질하며 거짓말하는 인간들의 모습은 하나님을 떠나면서 타락하게 된 인간의 면모를 단적으로 보여주고 있습니다. 이것은 곧 하나님을 떠난 인간이 죄인임을 보여주는 증거가 됩니다.

당신은 인간의 도덕과 윤리를 내세우고 싶으실 겁니다. 당신은 스스로 다른 사람보다 나쁜 사람은 아니라고 생각하실 겁니다. 그러나 성경은 인간의 선함은 하나님의 선함에 다다를 수 없다고 말합니다. 덴마크의 유명한 철학자 키에르케고르는 인간의 윤리를 "가면"이라고 말했습니다. 다시말해 인간은 도덕적인 삶을 살지 못하면서도 마치 도덕적인 삶을 사는 척 위선적인 삶을 산다는 것입니다. 그래서 인간의 윤리는 아이러니입니다. 윤리적인 인간으로 살아간다는 것은 인간이 자신의 이기심과 악함을 교묘히 숨기는 것입니다. 윤리적 삶은 이런 아이러니한 위선적 삶을 반복하는 것입니다.

그러나 인간은 이러한 위장된 삶의 반복에 절망하게 됩니다. 이 절망이 바로 죽음에 이르는 병입니다. 우리는 실제 행하지 않더라도 머릿속에서 이미 많은 죄를 짓고 있습니다. 죄의 현실은 우리의 생각이라는 은밀한 곳에서 수도 없이 일어나고 있습니다.

> "또 간음치 말라 하였다는 것을 너희가 들었으나 나는 너희에게 이르노니 여자를 보고 음욕을 품는 자마다 마음에 이미 간음하였느니라." (마 5:27-28) "그 형제를 미워하는 자마다 살인하는 자니 ..." (요1서 3:15)

우리는 우리의 생각을 통해 얼마나 살인하고 간음하는지 모릅니다. 실제로 우리의 죄악된 생각이 행동으로 나타나서 남을 죽이고 간음하는 일이 너무나 많습니다. 우리는 얼마나 다른 사람을 미워하고 증오하며 질투하고 시기하는지 모릅니다. 행동으로 드러나지 않아서 그렇지 하루에도 여러 사람을 생각으로 죽였을 것입니다. 혹자는 감옥에 있는 사람은 들킨 죄인이고, 감옥에 들어가지 않은 사람은 들키지 않은 죄인이라고 말합니다. 사람은 거짓말을 할 뿐만 아니라 진실을 교묘히 과장하거나 왜곡하기도 합니다. 더 나아가 다른 사람을 중상하고 비방합니다. 우리는 우리의 적수에 대한 나쁜 소문을 퍼뜨리고, 남을 우롱하는 농담을 하며, 거짓 증언을 하기도 합니다. 또한 의도적으로 침묵함으로써 진실을 밝히지 않고 거짓을 옹호하기도 합니다.

그러나 세상의 법과 윤리와 도덕은 인간들의 생각 속에서 일어나는 수많은 죄악들과 교묘하게 행해지는 일상의 죄악들을 보지 못합니다. 인간은 악하고 더러운 생각을 감추려고 애를 씁니다. 그러나 하나님께서는 이러한 죄를 보고 계십니다. 죄악을 행하고 있는 우리 자신과 하나님만이 은밀하게 이루어지고 있는 우리의 죄에 대한 유일한 증인입니다.

① 하나님과의 교제가 사라집니다.

하나님의 형상대로 지음 받은 인간은 영적인 존재입니다. 영적인 존재인 인간은 영이신 하나님과의 관계가 생명입니다. 그러나 인간은 죄를 범하였기에 더 이상 거룩하신 하나님과 함께 할 수 없게 되었습니다. 성경은 이렇게 말합니다.

"여호와의 손이 짧아 구원치 못하심도 아니요 귀가 둔하여 듣지 못하심도 아니라 오직 너희 죄악이 너희와 너희 하나님 사이를 내었고 너희 죄가 그 얼굴을 가리 워서 너희를 듣지 않으시게 함이니 이는 너희 손이 피에, 너희 손가락이 죄악에 더러웠으며 너희 입술은 거짓을 말하며 너희 혀는 악독을 발함이라." (사 59:1-2)

더 이상 하나님의 음성이 들리지 않는 것! 이것이 바로 인간이 경험하게 된 영적인 사망입니다.

여러분! 세상을 한번 보십시오. 무신론이 지배하는 세상입니다. 더 이상 하나님의 음성을 듣지 못하는 인간들은 저마다 하나님이 없다고 말합니다. 아니 하나님이 죽었다고 말합니다. 아름다운 자연을 보아도 그것을 가능케 한 하나님을 인정하지 않습니다. 사람들은 우주와 삼라만상의 질서를 유지하는 자연의 법칙을 깨달으면서도 하나님이 그것을 창조하셨다고 말하지 않습니다. 그저 모든 것이 우연이라고 말합니다. 우연히 큰 폭발에 의해 우주가 팽창하였다고 말합니다. 우연히 번개에 맞아 생명체가 탄생되었다고 말합니다. 우연히 단세포 동물이 진화하여 고등 동물인 인간에 이르기까지 발전하였다고 말합니다. 참으로 하나님의 음성을 듣지 못하는 귀머거리 인간들의 아우성입니다. 자신이 영적으로 사망한 것도 모르고 엄연히 살아있는 하나님을 죽었다고 외치고 있으니 참으로 안타깝습니다.

인간의 영혼은 인간 내면 깊은 곳에 숨겨진 하나님의 흔적입니다. 영혼이 죽은 사람들은 갈증을 경험합니다. 세상에 있는 어떤 것으로도 채울 수 없는 갈증을 느낍니다. 세상 천하보다도 더 큰 구멍이 바로 우리 안에 숨겨져 있기 때문에 아무리 큰 권력과 재물로도 우리를 만족시킬 수 없습니다.

"우리의 만족은 오직 하나님께로서 났느니라." (고후 3:5)

우리 영혼은 하나님의 임재를 느낄 때에 진정으로 만족할 수 있습니다. 우리가 하나님의 임재를 경험할 때 우리 영혼이 비로소 숨을 쉬게 되는 것입니다.

이렇듯 하나님과 단절된 인간은 그 단절된 공간으로 인해 불안을 경험합니다. 인간들이 갖고 있는 까닭 모를 공허함은 하나님과의 분리된 공간으로 인한 것입니다. 그래서 인간은 그 공간을 메우려고 온갖 시도를 합니다. 이러한 몸부림의 결과물이 신문 곳곳에 자극적인 뉴스로 등장합니다. 술에 취한 아버지가 아들을 죽이고, 돈에 미친 아들이 아버지를 죽이며, 일가족이 함께 자살을 하고, 온갖 엽기적인 사건 사고들이 매일 새롭게 신문 위에 파노라마처럼 펼쳐집니다. 또한 영화 속에는 불륜과 폭력과 보복이 난무합니다. 옛날부터 지금까지, 그리고 세계 어느 곳이든 동일하게 술집이 즐비합니다. 마약이 극성을 부립니다. 레슬링과 권투 그리고 이종격투기와 같은 폭력 스포츠가 인기입니다. 이러한 사회적 현상은 인간이 근원적인 공허감을 메우기 위해 자극적인 폭력과 돈과 향락과 쾌락에 빠져 있다는 증거입니다.

### ② 죄의 노예가 됩니다.

죄는 우리로 하여금 하나님과의 관계를 단절시킬 뿐만 아니라 죄의 노예가 되게 합니다. 죄는 우리 마음 속 깊은 곳에 자리를 잡고 마음을 병들게 합니다. 인간이 짓는 많은 윤리적인 잘못들은 단지 외적으로 나타나는 죄의 현상에 불과합니다. 진짜 본질적인 죄는 우리 마음속에 있는 부패한 속성입니다.

"만물보다 거짓되고 심히 부패한 것은 마음이라 누가 능히 이를 알리요?"
(렘 17:9)

교육학자들은 교육을 통해 어린이들을 선한 인간으로 만들려고 합니다. 그러나 수많은 교육이론들이 만들어지고 실행되어 왔지만 세상은 여전히 악함으로 가득 차 있습니다.

### 3. 인간은 하나님 없는 자유를 추구하지만 그것은 대단한 착각입니다.

하나님 없는 자유가 착각에 불과한 이유는 인간의 마음 깊은 곳에 죄악된 본성이 자리 잡고 있고 그 본성으로 인하여 인간은 결국 죄의 노예가 되어 버리기 때문입니다. 예수님께서도 이것에 대해 말씀하셨습니다.

"또 가라사대 사람에게서 나오는 그것이 사람을 더럽게 하느니라. 속에서 곧 사람의 마음에서 나오는 것은 악한 생각 곧 음란과 도적질과 살인과 간음과 탐욕과 악독과 속임과 음탕과 흘기는 눈과 훼방과 교만과 광패니 이 모든 악한 것이 다 속에서 나와서 사람을 더럽게 하느니라." (막 7:20-23)

인간 안에 있는 이러한 마음의 부패성은 하나님보다 우리 자신을, 그리고 세상의 물질과 쾌락을 더 사랑하려는 성향으로 나타납니다. 결국 하나님을 떠난 인간은 자유롭지 못하고 죄의 노예가 될 뿐입니다.

실제로 죄를 짓는 것은 우리 자신이 아니라 우리 안에 거하는 죄입니다. 태초에 인간은 하나님의 형상을 따라 선하게 창조되었습니다. 그런데 우리가 아무리 선하고 바르게 살려고 노력해도 무엇인가에 끌려가게 됩니다. 정말 내가 원하는 것은 하지 못하고 결국에는 하지 말아야 할 것을 하게 됩니다. 생각으로는 진실을 말하려고 했는데 나의 입은 벌써 거짓말을 하고 있습니다. 정말 어이가 없습니다. 나 자신도 어찌할 수 없는 왜곡된 마음, 부패한 마음을 경험합니다.

"나의 행하는 것을 내가 알지 못하노니 곧 원하는 이것은 행하지 아니하고 도리어 미워하는 그것을 함이라." (롬 7:15)

"내 속 곧 내 육신에 선한 것이 거하지 아니하는 줄을 아노니 원함은 내게 있으나 선을 행하는 것은 없노라. 내가 원하는 바 선은 하지 아니하고 도리어 원치 아니하는바 악은 행하는도다." (롬 7:18-19)

이것이 바로 인간이 지나게 되는 절망의 깊은 골짜기입니다.

이 모든 것의 원인은 바로 '죄의 성향'입니다.

"만일 내가 원치 아니하는 그것을 하면 이를 행하는 자가 내가 아니요 내속에 거하는 죄니라." (롬 7:20)

정직하고 선하게 살고 싶은 의지는 우리에게 있지만, 그렇게 살지 못하게 막는 죄의 성향이 우리 안에 있다는 것입니다. 그래서 착하게 살고 싶은 마음이 악하게 살고 싶은 마음과의 전쟁에서 자주 패하게 되는 것이지요.

"내 속 사람으로는 하나님의 법을 즐거워하되 내 지체 속에서 한 다른 법이 내 마음의 법과 싸워 내 지체 속에 있는 죄의 법 아래로 나를 사로잡아 오는 것을 보는도다." (롬 7:23)

죄를 이겨낼 능력이 없는 인간! 절망 중의 절망 가운데 있는 인간! 바울은 이것을 '사망의 몸'이라고 부릅니다.

"오호라 나는 곤고한 사람이로다. 이 사망의 몸에서 누가 나를 건져내랴." (롬 7:24).

우리에게는 해답이 없습니다. 이에 대해 상담해 줄 사람을 찾아보지만 그 역시 동일한 고민을 가지고 있는 인간일 뿐입니다.

그렇다면 이제 우리는 종교로 돌아가 해답을 찾을 수밖에 없습니다. 사람들의 비양심과 뻔뻔한 행위들에 상처받은 내 마음을 어떤 종교가 위로해 줄까? 그리고 점점 선함을 잃어가고 있는 나의 지치고 병든 모습 속에서 점차로 멍이 들고 있는 나의 양심을 어떤 종교가 구원해 줄 수 있을까? 인간의 악함의 근원은 도대체 어디에 있는 것일까 고민했던 당신에게 이제 기독교가 보이십니까?

> "그러므로 이제 그리스도 예수 안에 있는 자에게는 결코 정죄함이 없나니 이는 그리스도 예수 안에 있는 생명의 성령의 법이 죄와 사망의 법에서 너를 해방하였음이라." (롬 8:2)

예수! 과연 그는 누구일까요? 항상 이상하게만 느껴지던 그가 나의 마음속에 손짓하며 매력적으로 다가오기 시작합니다. 예수! 그가 내게 오고 계십니다.

## 토론사항

1. 인간은 만물의 영장이다. 이것은 무엇을 의미하는가?

2. 인간이 동물과 다른 점은 무엇인가?
   1) 언어적 존재, 사회적 존재, 철학적 존재, 문화적 존재, 도구적 존재로
      서의 인간에 대해 설명해 보라.

   2) 도덕적 존재, 종교적 존재로서의 인간에 대해 설명하라.

3. 죄란 무엇인가?

4. 죄의 결과는 무엇인가?

5. 왜 성경은 그토록 인간의 죄에 대해서 끊임없이 드러내고 있는가? 인간의 죄성과 인간의 존엄성 간의 관계에 대해 생각해 보라.

6. 진화론적 세계관은 인간의 존엄성을 단순히 동물보다 기능적으로 우월한 것으로 바라본다. 그러나 기독교적 세계관은 하나님의 영적 피조물로서의 인간을 바라본다. 바로 그것을 인간의 존엄성으로 바라보는 것이다. 이 두 가지를 비교해 보라.

Jesus is coming to you.

8 주제 >>>

# 예수!
## 그가 다가온다.

성경은 세상을 향한 하나님의 사랑 이야기입니다. 하나님은 세상을 창조하셨고 그 창

조물 중 인간을 유독 사랑하사 축복하시고 번성하라 명령하셨습니다. 그러나 하나님의

사랑을 입고 창조된 인간은 유혹에 넘어가 하나님의 명령에 불순종하고 타락하게 되

었지요. 타락한 인간은 자기 자신과의 소외, 이웃과의 소외, 자연과의 소외, 무엇보다도

하나님과의 소외를 경험하게 되었습니다. '분리'를 의미하는 소외는 인간의 원죄로 인

한 비극이며 아픔이었습니다.

그러나 성경은 비극적인 결말로 끝나지 않습니다. 하나님은 자신을 배반한 인간과 화

해하기로 결정하셨습니다. 그 엄청난 결정을 수행하기 위해 하나님께서는 예수 그리스

도를 '화해자'로 보내셨습니다.

성경은 세상을 향한 하나님의 사랑 이야기입니다. 하나님은 세상을 창조하셨고 그 창조물 중 인간을 유독 사랑하사 축복하시고 번성하라 명령하셨습니다. 그러나 하나님의 사랑을 입고 창조된 인간은 유혹에 넘어가 하나님의 명령에 불순종하고 타락하게 되었지요. 타락한 인간은 자기 자신과의 소외, 이웃과의 소외, 자연과의 소외, 무엇보다도 하나님과의 소외를 경험하게 되었습니다. '분리'를 의미하는 소외는 인간의 원죄로 인한 비극이며 아픔이었습니다. 무엇보다 하나님과의 소외(분리)는 '영혼의 죽음'이란 결과를 가져 왔습니다. 영적인 존재인 인간이 영이신 하나님과 더 이상 교제를 나눌 수 없게 된 것입니다.

그러나 성경은 비극적인 결말로 끝나지 않습니다. 성경은 희망과 기쁨의 메시지를 전하며 막을 내리고 있습니다. 하나님은 자신을 배반한 인간과 화해하기로 결정하셨습니다. 그 엄청난 결정을 수행하기 위해 하나님께서는 예수 그리스도를 '화해자'로 보내셨습니다. 분리되었던 하나님과 인간 사이가 예수 그리스도를 통해 화목하게 되었습니다.

## 나사렛 예수!

그는 2000년 전 이스라엘의 한 평범한 목수의 가정에서 태어난 인간입니다. 그러나 동시에 그는 우리를 너무나 사랑하시어 죄에서 구원하시려고 직접 이 땅에 오신 하나님이십니다. 결국 성경 전체를 관통하고 있는 핵심적인 줄기는 인간에 대한 하나님의 크나큰 사랑입니다. 그리고 그 하나님이 보여주신 사랑의 결정체이자 핵심은 바로 예수 그리스도인 것입니다.

참 하나님이시며 참 인간이신 예수님! 지금부터 그 신비한 보화의 비밀을 캐내어 봅시다.

## 1. 예수님은 하나님이신가?

만약 예수님을 하나님이 아닌, 여느 사람과 같은 인간일 뿐이라고 본다면, 자신을 하나님의 아들이라 공표하며 돌아다녔던 예수는 분명 정신 이상자였거나 사이비 이단 종교의 교주였을 것입니다. 이처럼 만약 예수가 정신병자이거나 종교 사기꾼이었다면 기독교인들의 믿음은 헛된 것일 뿐 아니라 우리 기독교인들이야말로 세상에서 가장 불쌍한 사람들일 수밖에 없을 것입니다. 그러나 예수님이 하나님의 아들이라는 것이 분명하다면 기독교는 진정한 종교가 될 것이며, 예수님이야말로 하나님께로 가는 유일한 진리의 길이 될 것입니다.

나사렛 예수가 정말 하나님이었다는 사실은 그의 부활을 통해서만이 증명될 수 있습니다. 바울 선생은 이러한 사실을 미리 알고 있었습니다.

"그리스도께서 만일 다시 살지 못하셨으면 우리의 전파하는 것도 헛것이요 또 너희 믿음도 헛것이며 또 우리가 하나님의 거짓 증인으로 발견되리니 우리가 하나님이 그리스도를 다시 살리셨다고 증거 하였음이라. 만일 죽은 자가 다시 사는 것이 없으면 하나님이 그리스도를 다시 살리시지 아니하셨으리라. . . 만일 그리스도 안에서 우리의 바라는 것이 다만 이생뿐이면 모든 사람 가운데 우리가 더욱 불쌍한 자리라." (고전 15:14-19)

성서는 예수님의 부활을 역사적 사실로 증언하고 있습니다. 그 증거로는

첫째, 예수님 자신이 스스로를 하나님의 아들이라 증거하신
       말씀입니다.
둘째, 빈 무덤입니다.
셋째, 부활하신 예수님이 제자들 앞에 몸소 나타나신 것이
       있습니다.

첫째, 예수님은 자신이 하나님의 아들이며, 부활이고 생명이라고 주장했습니다.

> "아버지께서 내 안에, 내가 아버지 안에 있는 것 같이 저희도 다 하나가 되
> 어 우리 안에 있게 하사 세상으로 아버지께서 나를 보내신 것을 믿게 하옵
> 소서."(요 17:21)

> "예수께서 가라사대 나는 부활이요 생명이니 나를 믿는 자는 죽어도 살겠
> 고 무릇 살아서 나를 믿는 자는 영원히 죽지 아니하리니."(요 11:25)

또한 예수님은 십자가에서 죽으셨고 사흘 만에 다시 살아나실 것에
대해 미리 말씀하셨습니다.

> "이르시기를 인자가 죄인의 손에 넘겨져 십자가에 못 박히고 제 삼일에 다
> 시 살아나야 하리라." (눅 24:7)

둘째, 빈 무덤과 예수님의 부활에 관하여는 여러 가지 서로 다른 해석
이 있습니다. 혹자는 마리아와 다른 여(女)제자들이 도성의 지리에 밝지
않아 다른 무덤을 찾아갔다고 주장합니다. 그러나 여자들의 말을 듣고

뒤늦게 무덤을 찾은 다른 제자들 역시 무덤을 잘못 찾았다고 볼 수는 없다는 것입니다.

빈 무덤에 관한 또 다른 해석은 예수님의 제자들이 그의 시신을 훔쳐 갔다는 것입니다. 그러나 자신들에게도 닥칠지 모르는 죽음이 두려워 예수님을 떠나고 부인했던 제자들이 예수의 시신을 훔쳐갔다는 것은 논리적으로 납득하기 어려운 추측입니다.

또한 유대교 종교지도자들이 예수님의 시신을 가져갔다는 주장도 별로 신빙성이 없습니다. 왜냐하면 그들이 진실로 예수의 시신을 가져갔다면 예수의 부활에 대한 소문이 온 예루살렘에 퍼질 때, 그것이 거짓임을 증명하기 위해 예수의 시신을 당장 내어 놓았을 것이기 때문입니다. 하지만 그들은 그렇게 하지 못했고 결국 부활을 선동하고 다니는 무리들을 제압할 수 없었습니다.

마지막으로 예수님이 실제로 죽은 것이 아니라 단지 십자가 위에서 기운이 쇠하여 졸도하였을 뿐이라는 학설도 있습니다. 그러나 예수께서 오랜 시간 동안 고난을 당하시고 옆구리에 창까지 찔린 이후에 살아남을 가능성은 거의 없습니다.

셋째, 제자들이 부활하신 예수님을 만났다는 것에도 여러 가지 해석이 있습니다. 어떤 사람들은 이것을 제자들이 꾸며낸 거짓 증언이라고 주장합니다. 그러나 한 두 사람이 아닌 수많은 제자들 - 열 두 제자, 오백여 형제- 의 생생한 증언은 제자들이 예수의 부활을 꾸며냈다는 주장을

단번에 물리칩니다. (고전 15:3-8)

어떤 사람들은 제자들이 예수님을 너무나 사모한 나머지 환상이나 환각 중에 예수님을 보았다고 주장합니다. 하지만 환각이란 간절한 소망 가운데 생기는 것이지 전혀 만날 기대조차 하지 않는 사람에게 나타날 수는 없습니다. 제자들은 예수님의 십자가 처형 뒤 절망과 실의에 빠져 있었습니다. 그들은 세상 사람들에게 예수를 부인했을 뿐 아니라 예수님을 다시 볼 수 있으리라는 소망을 전혀 갖고 있지 않았습니다. 그런 사람들 앞에 집단적인 환각으로 예수님이 나타났다는 것은 전혀 이치에 맞지 않습니다.

오히려 우리는 혁명적으로 변화된 제자들의 삶을 통하여 예수님이 부활하셨다는 증거를 확인할 수 있습니다. 예수님의 죽음 직후 제자들은 두려워하여 뿔뿔이 흩어졌습니다. 몇 몇은 이전의 직업으로 되돌아갔습니다. 그러나 부활하고 승천하신 예수님을 만난 제자들은 한 자리에 모였습니다. 마가의 다락방에서 120명이 모여 기도하다 성령을 받고 (성령에 대해서는 10장에서 자세히 다룰 것임) 변화되었습니다. 이전에는 두려워서 흩어졌지만, 이제는 복음을 전하기 위해 흩어졌습니다. 목숨을 걸고 예수 그리스도의 부활의 복음을 전하다가 영광스런 죽음을 맞이했습니다. 그 결과 예수의 복음은 전 세계로 퍼져 나갔으며, 교회는 폭발적으로 부흥하게 되었습니다.

부활사건은 예수님이 부활하신 날인 일요일을 예배의 날로 전환시키는 계기가 되었습니다. 유대교의 성일이며 안식일인 토요일이 아닌 예수님이 부활하신 일요일이 주의 날로 제정되어 모임을 갖게 되었습니다. 그래서 지금도 우리는 일요일을 주일로 지키고 있는 것입니다. 무덤에서 살아나온 예수! 그는 진실로 하나님의 아들이었습니다.

## 2. 예수는 정말 인간이었는가?

가현설[12]을 주장하는 이단자들에게 예수님은 "육체를 입은 하나님"이었습니다. 이들은 예수님을 거의 유령에 가까운 모습으로 이해하고 있습니다. 나사렛 예수의 육체는 실제로 인간이었지만 그의 영은 하나님의 영이었다는 주장이지요. 그러한 예수님은 진정한 인간일 수가 없습니다.

예수님이 만약 인간이 아니라면, 그가 우리를 위하여 십자가의 모진 고통을 견디셨다는 말씀 중 '모진 고통'이라는 표현은 허무맹랑한 거짓말에 불과할 것입니다. 인간의 고통을 모르는 신의 십자가 고행은 이미 고행이 아닙니다. 진짜 인간이 아닌 예수가 당한 십자가의 고난은 그저 하나님의 연극으로 전락해 버립니다. 그러한 예수의 속죄는 아무런 능력이 없습니다. 인간의 죄를 담당할 자격이 없습니다. 따라서 예수님이 인간을 구원할 진정한 구세주가 되기 위해서 그는 하나님이기 이전에 진실로 인간이어야 합니다. 실제로 인간이 느끼는 것과 똑같은 고난을 받고, 십자가에 못 박혀 죽고, 실제로 부활해야 합니다.

"자기가 시험을 받아 고난을 당하셨은즉 시험받는 자들을 능히 도우시느니라." (히 2:18)

성경의 복음서들은 예수님의 인성을 보여줍니다. 누가복음서의 기자
는 예수의 유년기를 이렇게 기록하였습니다.

"예수는 그 지혜와 그 키가 자라가며 하나님과 사람에게 더 사랑스러워 가
시더라." (눅 2:52)

예수님은 다른 아이들과 마찬가지로 신체적으로, 지적으로, 영적으
로, 사회적으로 성장했습니다.

그리고 예수님 역시 시간과 공간의 제한 속에서 살았습니다. 예수님
에게도 하루는 24시간이었고, 일주일은 7일이었습니다. 또한 예수님은
한 번에 여러 곳에 동시적으로 있을 수 없었습니다.

사마리아 우물가에 계셨던 예수님은 지치고 목이 말랐습니다. (요
4:6-9) 예수님은 죽음의 위기 앞에서 그의 제자들이 그와 함께 기도해주
기를 기대하셨습니다. (마 26:36-38)
예수님은 군중 속에서 외로움을 경험했습니다.

"예수께서 가라사대 여우도 굴이 있고 공중의 새도 집이 있으되 인자는 머
리 둘 곳이 없도다." (눅 9:58)

예수님은 영적인 필요도 느꼈습니다. 그래서 틈만 나면 쉬지 않고 하
나님께 기도했습니다. (눅 22:39)

또한 예수님도 보통의 인간들처럼 시련과 유혹에 직면하기도 했습니다. 세례를 받은 직후 마귀의 시험에 직면했습니다.(마 4:1-11). 또한 십자가를 지기 전 겟세마네 동산에서 십자가의 고난을 피하고 싶은 충동도 느꼈습니다.(마 26:36-39) 즉 예수님은 우리의 죄를 짊어지기 위해서 그 자신이 직접 시험과 유혹을 경험하셨던 것입니다.

> "우리에게 있는 대제사장은 우리 연약함을 체휼하지 아니하는 자가 아니요 모든 일에 우리와 한결같이 시험을 받은 자로되 죄는 없으시니라."(히 4:15)

예수님의 신성과 함께 인성은 우리의 죄를 위한 희생 제물이 되기 위해서 필수불가결한 것입니다.

2004년 전 세계적으로 센세이션을 일으켰던 영화 "The Passion of Christ"는 인성을 지닌 예수가 겪게 되는 십자가의 수난과 고통을 그렸습니다. 북미와 남미의 성도들은 이 영화를 통해 그리스도가 겪은 고통을 바라보면서 큰 충격과 감동을 받았습니다. 어떤 사람들은 그 충격 때문에 심장마비로 죽기도 하였습니다. 그러나 한국에서는 그 영화가 별로 호응을 얻지 못했습니다. 그 이유는 아마도 한국교회가 예수님의 인성보다는 신성을 많이 강조해왔기 때문인 것으로 짐작됩니다. 한국 성도들에게 예수는 전지전능하신 하나님과 슈퍼스타로만 인식되어 있는 듯 보입니다. 고통 가운데 고민하며 외로워하는 예수의 인간적인 측면을 우리가 그동안 너무 소홀히 여겨오지 않았는지 새로운 인식의 전환이 필요한 시기라고 생각됩니다.

### 3. 예수님이 이 땅에서 하신 일은 무엇인가요?

(1) 예수님은 그의 생애를 통해 하나님의 사랑을 보여주셨습니다.

이 세상 사람들 중 그 누구도 하나님을 본 사람이 없습니다. 하지만 하나님을 알 수 있는 유일한 길이 있습니다. 예수 그리스도! 예수님은 이 땅에 찾아오신 하나님입니다. 우리는 그분을 통해서만 하나님을 만날 수 있습니다. 예수 안에서 하나님을 볼 수 있습니다.

> "본래 하나님을 본 사람이 없으되 아버지 품속에 있는 독생하신 하나님이
> 나타내셨느니라." (요 1:18)

우리는 예수 그리스도를 통해 이스라엘 역사 가운데 자신을 나타내신 하나님의 모습을 보다 더 정확하고 분명하게 볼 수 있습니다. 자신의 삶, 가르침, 죽음과 부활을 통해서 예수님은 우리에게 하나님의 본성을 보여주셨습니다. 예수님은 우리와 함께 계신 하나님입니다.

그렇다면 과연 예수님이 우리에게 보여주시는 하나님의 모습은 무엇일까요? 만약 그분의 외모를 통해 하나님의 모습을 볼 수 있었다면 유대인들은 예수님을 십자가에 못 박아 죽이지 않았을 것입니다. 하나님은 예수의 얼굴을 통해 자신을 드러내신 것이 아니라 예수 그리스도 그 분의 삶을 통해 자신을 드러내셨습니다. 예수님의 삶은 사랑으로 완성된 삶이었습니다. 결국 하나님은 예수님의 삶을 통하여 자신의 사랑을 보이셨던 것입니다.

"하나님이 세상을 이처럼 사랑하사 독생자를 주셨으니 이는 저를 믿는 자마다 멸망치 않고 영생을 얻게 하려 하심이니라." (요 3:16)

예수님을 만난 사람들은 하나님의 사랑을 경험하게 됩니다.

"하나님의 사랑이 우리에게 이렇게 나타난바 되었으니 하나님이 자기의 독생자를 세상에 보내심은 저로 말미암아 우리를 살리려 하심이니라. 사랑은 여기 있으니 우리가 하나님을 사랑한 것이 아니요 오직 하나님이 우리를 사랑하사 우리 죄를 위하여 화목제로 그 아들을 보내셨음이니라." (요일 4:9-10)

하나님의 사랑은 예수의 삶을 통해 말뿐이 아닌 직접적인 '행동' 으로 나타났습니다. 모든 이들을 포용하는 넓은 사랑으로 표현되었습니다. 인간의 사랑과는 비교될 수 없는 지극한 하나님의 사랑이 예수님의 삶 속에 충만했습니다.

예수는 하나님의 사랑을 보여주는 계시자로서 인간에 대한 놀랍고도 새로운 사랑을 보여주셨습니다. 예수는 자신의 가르침을 듣느라고 굶주리게 된 무리들을 보고 불쌍히 여기셨습니다. 예수는 죽은 나사로의 무덤에서 우셨습니다. 이러한 예수의 사랑과 연민의 정은 나아가 행동으로 이어졌습니다. 병든 자를 고치셨고 죽은 자를 살리셨습니다. 또한 이러한 예수의 사랑은 포용적이기까지 했습니다. 예수는 민족의 반역자인 세리들, 창녀와 같은 가장 천한 사람들, 고아와 과부들, 당시에 사회적으로 천대를 받던 어린 아이들조차도 아끼고 사랑해 주셨습니다. 심지어 예수의 사랑은 자신을 죽이려고 왔다가 귀가 잘린 말고를 치료해주는 데에까지 나아갔으며, 자신이 십자가에서 처참하게 죽어갈 때, 자신을 십자가에 매달고 조롱하는 무리들을 향하여 저들의 죄를 용서해 달라는 기도를 하는 경지에까지 도달하였습니다.

놀라운 하나님의 사랑을 보이신 예수님! 그분은 하나님의 기쁨이셨습니다. "예수께서 세례를 받으시고 곧 물에서 올라오실 새 하늘이 열리고 하나님의 성령이 비둘기같이 내려 자기 위에 임하심을 보시더니 하늘로서 소리가 있어 말씀하시되 이는 내 사랑하는 아들이요 내 기뻐하는 자라 하시니라." (마 3:16-17) 예수님은 아버지 하나님과 친밀한 관계를 항상 유지하였습니다. 그러므로 예수님의 뜻은 하나님의 뜻과 전적으로 일치하였습니다. "가라사대 아버지여 만일 아버지의 뜻이거든 이 잔을 내게서 옮기시옵소서. 그러나 내 원대로 마옵시고 아버지의 원대로 되기를 원하나이다." (눅 22:42) 그 결과 타락한 세상과 화해하시려는 하나님의 온전한 뜻이 예수 그리스도를 통해서 성취된 것입니다.

(2) 예수 그리스도는 인류의 죄를 위해 십자가에서 피를 흘리셨습니다.

예수님은 하나님이 보내신 '화해의 도구' 였습니다. 화해는 '다툼을 그치고 푸는 것', 즉 원수 사이를 친구 사이로 만드는 것입니다. 우리는 예수를 통해 하나님과 화해하게 되었습니다. 인간의 죄로 인해 분리되었던 하나님과 인간이 둘이 아닌 하나가 된 것입니다. 구원을 행하신 분은 하나님 자신입니다. 하나님은 타락한 인간을 용서하시려고 아들을 보내셨습니다. "사랑은 여기 있으니 우리가 하나님을 사랑한 것이 아니요 오직 하나님이 우리를 사랑하사 우리 죄를 위하여 화목제로 그 아들을 보내셨음이니라." (요일 4:20) 바로 이러한 점때문에 기독교에서는 구원을 개개인의 노력에 의해 이루어지는 것이 아닌 하나님이 베푸신 사랑이며 은총이라고 보는 것입니다.

그러나 하나님이 베푸신 구원은 아들이신 예수님의 순종과 헌신에 의해 완성될 수 있었습니다. 예수님은 하나님께 순종하여 이 땅에 오셨습니다. 기꺼이 인간의 죄를 용서하기 위한 화목제물이 되셨습니다. 우리를 대신하여 십자가에서 피를 흘리며 죽으셨습니다. "저는 우리 죄를 위한 화목제물이니 우리만 위할 뿐 아니요 온 세상의 죄를 위하심이라." (요일 2:2) 죄는 하나님과 인간 사이에 큰 간격을 만들었지만, 십자가로 그 간격을 연결하는 다리를 놓으셨습니다. "그는 우리의 화평이신지라 둘로 하나를 만들어서 중간에 막힌 담을 허시고." (엡 2:14)

### (3) 나를 위한 화목제물이신 예수

위의 사실에 대해 이렇게 질문하는 분이 있을 것입니다. 우리가 구원을 얻기 위하여 정말로 십자가가 필요합니까? 그렇다면 왜 그렇지요? 십자가 외에 다른 길은 없나요? 이것을 제대로 이해하기 위해서는 구약시대에 나타나는 제사와 그 의미를 알아야 합니다.

구약시대에도 죄를 용서받기 위한 제사가 있었습니다. 그 당시 사람들은 다음과 같은 제사의식을 하나님께 드렸습니다. 먼저 건강한 제물로 양이나 소나 비둘기 등을 고릅니다. 그리고 예배를 드리는 장소에 가서 그 짐승(제물)의 머리에 손을 얹고 자신의 모든 죄가 제물에게 옮겨졌음을 선포합니다. 그 후 그 짐승은 인간의 죄를 대신하여 죽습니다. 죄를 지은 인간이 받아야 할 '죽음'을 짐승이 대신 받은 것이지요. 제사를 드리는 방법에 대해 서술해 놓은 레위기에는 이렇게 설명하고 있습니다.

> "생물의 생명이 바로 그 피 속에 있기 때문이다. 피는 너희 자신의 죄를 속하는 제물로 삼아 제단에 바치라고, 너희에게 준 것이다. 피가 바로 생명을 지니고 있기 때문에, 죄를 속하는 것이다." (표준새번역, 레 17:11)

출애굽기에는 '유월절 어린양의 피'에 대해 말합니다. 유월절은 이스라엘 민족이 모세의 지도 아래, 노예 생활을 하던 이집트(애굽)에서 탈출하였던 것을 기념하는 절기입니다. 하나님은 모세를 통해 이스라엘 백성에게 아무 흠도 점도 없는 어린양을 죽이고 그 피를 문설주에 바르라고 명령하셨습니다.(출 12:1-12) 그 날 밤에 하나님을 거역하는 애굽을 향한 심판이 있었습니다. 하나님이 보낸 죽음의 사자들은 문설주에 피를 바른 이스라엘 백성의 대문은 그냥 넘어갔습니다. 그러나 그들은 피를 바르지 않은 애굽 백성의 집에는 들어가서 장자들을 모두 죽였습니다. 하나님은 어린양의 피를 보고 장자를 죽이는 심판을 할 것인지 아닌지를 결정하셨습니다.

> "문틀에 피를 발랐으면, 그것은 너희가 살고 있는 집의 표적이니, 내가 이집트 땅을 칠 때에, 문설주에 피를 바른 집은, 그 피를 보고 내가 너희를 치지 않고 넘어갈 터이니, 너희는 재앙을 피하여 살아남을 것이다.
> (표준새번역, 출 12:13)

그래서 신약은 예수님을 '유월절 어린양'이라고 부릅니다.

"보라 세상 죄를 지고 가는 하나님의 어린양이로다." (요 1:29, 36)

어린양은 희생양입니다. 인간의 죄를 대신하여 죽임을 당하는 속죄양입니다. 인간이 짊어져야 할 저주를 어린양이 대신 받는 것입니다. 하나님께서는 어린양의 피를 보시고 그분을 믿는 자들의 죄를 용서해주셨습니다. 피는 생명입니다. 피는 죄를 사하는 능력이 있습니다.

"피 흘림이 없은즉 사함이 없느니라." (히 9:22)

이사야 선지자는 우리의 죄를 위해 대신 피를 흘릴 예수님의 고난을 예언하였습니다. 이사야는 예수를 고난의 종으로 불렀습니다.

"그는 멸시를 받아 사람들에게 버림 받았으며 간고를 많이 겪었으며 질고를 아는 자라 마치 사람들이 그에게서 얼굴을 가리는 것 같이 멸시를 당하였고 우리도 그를 귀히 여기지 아니하였도다. 그는 실로 우리의 질고를 지고 우리의 슬픔을 당하였거늘 우리는 생각하기를 그는 징벌을 받아 하나님께 맞으며 고난을 당한다 하였노라. 그가 찔림은 우리의 허물 때문이요 그가 상함은 우리의 죄악 때문이라 그가 징계를 받으므로 우리는 평화를 누리고 그가 채찍에 맞으므로 우리는 나음을 받았도다. 우리는 다 양 같아서 그릇 행하여 각기 제 길로 갔거늘 여호와께서는 우리 모두의 죄악을 그에게 담당시키셨도다. 그가 곤욕을 당하여 괴로울 때에도 그의 입을 열지 아니하였음이여 마치 도수장으로 끌려가는 어린 양과 털 깎는 자 앞에서 잠잠한 양 같이 그의 입을 열지 아니하였도다." (개역개정, 사 53:3-7)

구약에 선지자들을 통해 예언된 대로 예수님은 우리 죄를 위해 고난을 받으셨으며, 십자가에서 죽으셨습니다.

"이는 성경대로 그리스도께서 우리 죄를 위하여 죽으시고" (고전 15:3)

그런데 왜 꼭 십자가의 죽음이어야만 했을까요? 예수님 당시 십자가 죽음은 로마에 대한 정치적 반역자들에게 행하는 가장 처참한 처형방식이었습니다. 십자가 처형은 사형수를 채찍으로 실컷 때리고 나무에 그의 손과 발을 큰 못으로 박아서 묶어놓습니다. 이렇게 한 뒤에 십자가를 세워 고정시킵니다. 나무에 달려서 몸을 조금이라도 움직이면 극심한 육체적 고통을 느끼게 되며, 그 때마다 손과 발과 상처에서 피가 솟구쳐 나옵니다. 그러면서 죄수는 서서히 죽어가게 되는 것이지요. 죄수를 급히 죽여야 할 경우에는 큰 망치로 정강이뼈를 쳐서 부러뜨리기도 했습니다. 구약성서의 신명기서는 말합니다.

"나무에 달린 자는 하나님께 저주를 받았음이니라." (신 21:23)

예수님은 구약의 말씀대로 친히 십자가에 달려 우리가 받아야 할 저주를 대신 받으셨습니다.

"친히 나무에 달려 그 몸으로 우리 죄를 담당하셨으니." (벧전 2:24)

하나님은 인간의 죄를 인간에게 돌리지 않으셨습니다. 하나님은 죄를 알지도 못하는 순결한 양과 같은 예수님으로 하여금 우리를 대신하여 죄를 짊어지게 하셨습니다. 이것이 바로 우리를 향한 하나님의 사랑입니다.

## 4. 예수님의 보혈은 능력이 있습니다.

거룩한 하나님과 죄인 된 인간의 화해는 예수 그리스도의 희생 제사를 통해서 이루어졌습니다.

"저는 우리 죄를 위한 화목제물이니 우리만 위할 뿐 아니요 온 세상의 죄를 위하심이라." (요일 2:2)

예수 그리스도는 어린양으로서 친히 희생 제물이 되셨습니다. 그리하여 예수님의 속죄제사는 영원한 제사가 되었습니다.

"제사장마다 매일 서서 섬기며 자주 같은 제사를 드리되 이 제사는 언제든지 죄를 없게 하지 못하거니와 오직 그리스도는 죄를 위하여 한 영원한 제사를 드리시고 하나님 우편에 앉으사 그 후에 자기 원수들로 자기 발등상이 되게 하실 때까지 기다리시나니 저가 한 제물로 거룩하게 된 자들을 영원히 온전케 하셨느니라." (히 10:11-14)

이는 구약의 동물제사의 마침을 의미합니다. 왜 하나님은 구약의 동물제사로 만족하지 않으셨을까요? 왜 아들을 보내어 인간의 육체로 감당하기 어려운 십자가를 지게 하시고, 희생양으로 삼으셨을까요? 정말로 이해하기 힘든 사실입니다. 현대문화적 시각으로 본다면, 이는 엄연히 아들을 학대하는 아버지의 모습입니다. 히브리서 기자는 이렇게 설명합니다.

"해마다 늘 드리는바 같은 제사로는 나아오는 자들을 언제든지 온전케 할 수 없느니라. 그렇지 아니하면 섬기는 자들이 단번에 정결케 되어 다시 죄

를 깨닫는 일이 없으리니 어찌 드리는 일을 그치지 아니하였으리요. 이 제
사들은 해마다 죄를 생각하게 하는 것이 있나니 이는 황소와 염소의 피가
능히 죄를 없이 하지 못함이라." (히 10:1-4)

구약의 동물제사는 일시적인 속죄로 사람들을 온전하게 할 수 없다는
점에서 한계가 있습니다. 그들은 매년마다 반복해서 동물의 피를 흘리
는 제사를 드려야 했던 것입니다. 이러한 구약의 희생제사는 바로 어린
양 예수의 희생 제사에 대한 그림자에 불과했습니다.

예수님의 피로 우리는 하나님의 심판과 죄의 속박에서 구원받았습니
다. 이사야의 예언대로 모든 것이 성취되었습니다. 이제 우리는 이 사실
을 믿기만 하면 됩니다. 우리가 예수님을 믿을 때 예수님이 흘리신 피가
우리 마음에 뿌려지게 됩니다. 그리할 때 하나님은 이것을 보시고 우리
를 거룩하다 여겨주십니다. 예수님 때문에 우리가 죄를 용서받을 수 있
습니다. 예수님 때문에 하나님은 우리의 죄를 보지 않으시고, 오히려 우
리를 의롭다고 여겨 주십니다. 이것이 바로 예수 그리스도의 보혈의 능
력이며, 오직 의인은 그 믿음으로 살리라는 이신득의(以信得義)의 비밀
입니다. 이 모든 것이 참 하나님이시며 참 인간이신 예수 그리스도의 보
혈의 능력을 믿는 자에게 그대로 이루어질 것입니다.

## 토론사항

1. 예수는 정말 하나님이신가? 왜 그렇게 생각하는가?

2. 예수는 정말 인간인가? 왜 그렇게 생각하는가?

3. 예수는 이 땅에서 무엇을 하셨는가?

4. 십자가의 의미는 무엇인가?

5. 예수를 믿는다는 것은 과연 내 삶에 어떤 의미를 가져다 주는가?

Is the Bible trustworthy?

9 주제 >>>

# 성경은 과연
# 신비의 책인가?

위대한 과학자 아이작 뉴턴은 성경의 모든 사건들을 역사적인 사실들로 받아들였

습니다. 그는 "성경의 역사적 신빙성은 어떤 일반 역사보다 믿을 만한 확증이 있

다."라고 주장하였습니다. 그렇습니다. 성경은 신앙인들의 삶의 지침이 되는 아주

권위 있는 책입니다. 성경말씀을 읽고 듣고 지키는 자들의 삶 속에 성경의 약속

이 구체적으로 이루어지고 있습니다. 그들의 삶이 변화되었고, 나아가 다른 사람

들의 삶을 변화시키는 삶을 살고 있습니다. 이렇듯 성경은 살아있는 하나님의 말

씀입니다.

사람들은 성경을 읽으면서 성경의 진실성에 대해 의심을 합니다. 사실 이러한 의심은 아주 정상적인 반응입니다. 성경에 소개되는 초자연적인 사건들은 이런 의심을 불러일으키기에 충분합니다. 성경은 창세기 1장 1절에 "태초에 하나님이 천지를 창조하시니라."는 말씀으로 시작합니다.

그 뒤로 홍해바다가 갈라지는 기적, 하나님이 하늘에서 만나와 메추라기를 내려 이스라엘 백성을 먹이시는 사건, 하나님이 태양을 멈추게 하여 여호수아의 기도에 응답하신 사건, 빈병에 기름이 떨어지지 않는 사건, 예수님이 처녀 마리아의 몸에 성령으로 잉태된 사건, 예수께서 보리떡 다섯 개와 물고기 두 마리로 오천 명을 먹이신 사건, 바다 위를 걸어가신 예수님, 그 분이 죽음에서 부활하시고 하늘로 올라가신 사건(승천), 그리고 마지막으로 요한계시록에 예고된 예수님의 재림(구름타고 오시는 예수님)을 읽고 나면 정말 현기증이 나지 않을 수 없습니다. 불신자들은 혀를 내두르게 만드는 이 많은 초자연적인 사건들을 접하고 나서 이렇게 말하겠지요.

"어떻게 기독교인들은 이런 황당한 사건들을 무조건 믿을 수 있을까? 정말 무식한 사람들이군!"

그런데 이상한 것은 공부를 많이 해서 아주 똑똑하고 논리적인 과학자나, 교수, 철학자들이 그런 거짓말 같은 기적들을 믿는다는 것입니다. 많은 사람들이 성경에 대해 비판하고 기독교인들을 조롱합니다. 그러면서도 한편으론 무엇인가 꺼림직한 느낌을 갖습니다. 도대체 성경이 무엇이기에 사람을 이끄는 것일까, 내가 알지 못하는 그 무엇인가가 성경 안에 있는 것이 아닐까 하여 성경을 뒤적거려 보지요. 그러나 대부분의 사람들은 '아무리 생각해도 기독교인들은 정말 정신이 나간 사람들이야' 라고 성경을 덮어 버리고 기독교 신앙에 대해 단념하고 맙니다. 이렇듯 사람들이 성경을 의심하는 것은 전혀 놀랄만한 일이 아닙니다. 그것은 현재 독실한 기독교인들도 경험했던 자연스러운 과정입니다.

어거스틴(A.D. 354-430)은 신학, 철학, 문학, 법률에 이르기까지 세계적인 영향력을 끼친 로마말기 서방교회의 교부입니다.[13] 어거스틴이 기독교로 개종할 때에 가장 문제가 된 것이 바로 성경이었습니다. 그의 눈에 비친 성경은 비철학적이고 야만적인 언어로 가득 차 있었습니다. 그는 예수를 믿는 신앙의 전제가 되는 성경의 권위를 인정할 수 없었습니다.

그러던 어느 날 어거스틴은 바울이 쓴 로마서를 읽으면서 최후의 일격을 받았습니다. "낮에와 같이 단정히 행하고, 방탕과 술 취하지 말며, 음란과 호색하지 말며, 쟁투와 시기하지 말고, 오직 주 예수 그리스도로 옷 입고, 정욕을 위하여 육신의 일을 도모하지 말라." (롬 13: 13 - 14)는 말씀을 읽던 중 하나님의 음성을 듣게 된 것입니다. 이 사건 이후로 그는 성경이 그에게 말씀하신 그대로의 놀라운 삶을 살기 시작했습니다. 참으로 신비한 일입니다.

## 1. 성도의 삶과 성경

(1) 성경은 성도의 신앙과 삶의 기준입니다.

오늘날 기독교회는 구약 39권과 신약 27권, 총 66권을 경전으로 삼고 있습니다. 경전이란 사물의 길이를 재는 잣대를 의미합니다. 즉 성경은 진리를 잴 수 있는 기준이며, 규범입니다. 그러나 이 성경은 하늘에서 뚝 떨어진 것이 아닙니다. 수천 년을 걸쳐서 성령의 영감을 받은 사람들에 의해 형성되었습니다.

성경의 저자들은 왕, 제사장, 정치가, 학자, 선지자, 농부, 어부, 세리, 의사, 천막을 만드는 장인 등으로 매우 다양합니다. 이들은 성령의 감동과 지혜와 능력과 인도하심을 받아 성경을 기록했습니다. 하나님의 영인 성령은 그들로 하여금 하나님의 음성을 듣게 하셨습니다. 보고 들은 것을 기억나게 하시고 깨닫게 하셨습니다. 적절한 말을 사용하여 성경의 내용을 기록할 수 있도록 도우셨습니다. 이를 위해 성령은 그들 개인의 환경, 경험, 성격, 교육 등 모든 조건들을 최대로 활용하셨습니다. 동시에 조금도 거짓되거나 틀린 말이 들어가지 않도록 간섭하셨습니다.

성경의 내용 가운데는 하나님을 기쁘시게 하는 방법, 하나님의 자녀가 되는 방법, 영원히 살 수 있는 방법 등 신앙적인 내용들이 들어 있습니다. 동시에 존경을 받는 비결, 성공하는 비결, 건강하게 장수하는 비결, 부자가 되는 비결, 지혜롭게 정치하는 비결, 전쟁에서 승리하는 비결, 남에게 사랑받는 비결, 구제하는 방법, 어려움과 고난을 이겨내는 비결, 항상 기쁘고 행복하게 사는 비결 등 세상에서 성공적인 삶을 살 수 있는 방법들이 성경 안에 다양하게 제시되어 있습니다.

그런데 놀라운 사실이 하나 있습니다. 시대와 문화를 초월한 다양한 저자들이 성경을 저술했음에도 불구하고 놀랍게도, 성경 전체는 단 하나의 주제인 예수 그리스도의 오심에 관한 예언과 성취로 맞춰져 있습니다. 이것이 바로 성경의 다양성과 통일성입니다. 따라서 예수 그리스도를 떠난 구약 성서의 이해는 의미가 없습니다. 예수를 떠난 성령의 신비한 은사나 예언도 아무런 가치가 없습니다. 기독교 생활의 기준이 성경이라면, 다양한 성경의 내용과 주제들의 기준은 바로 예수 그리스도이십니다.

요한 웨슬리는 성경을 신앙과 생활의 유일한 잣대로 간주하였습니다. 그에게 있어서 성경은 기록된 하나님의 말씀이며, 신앙과 삶에서 궁극적인 잣대이며 권위였습니다. 또한 성경은 하나님의 뜻을 분별하는 시금석이었습니다. 그는 성경에 대해 일기장에 다음과 같이 기록하였습니다.

"나의 근거는 성경이다. 그렇다. 나는 성경에 미친 사람이다. 나는 크고 작은 일을 막론하고 모든 일에 성경을 따른다."

그는 썩어가는 영국을 예수 그리스도에게로 인도하였고, 영국은 요한 웨슬리가 선포한 하나님의 말씀으로 인해 놀랍게 변화되었습니다. 영국을 변화시켰던 건 정치인들의 탁월한 정책이 아니라 바로 성경이었습니다.

아브라함 링컨은 어려서 어머니를 여의었습니다. 그는 어머니가 유일하게 유산으로 남겨주신 성경을 통해 위로를 받고 온갖 지혜를 얻었습니다. 결국 링컨은 가난 속에서 독학을 하여 미국의 가장 위대한 대통령이 되었습니다. 그는 말했습니다.

"성경은 하나님이 인간에게 주신 선물 중에서 최고의 선물이다."

유명한 철학자 임마누엘 칸트도 성경의 권위를 인정하였습니다.

"성경의 존재야말로 인류가 경험해 온 어떤 유익보다 위대한 것이다. 이 책을 낮게 평가하려는 어떤 시도도 인류에 대한 죄악이다."

위대한 과학자 아이작 뉴턴은 성경의 모든 사건들을 역사적인 사실들로 받아들였습니다. 그는 주장하였습니다.

"성경의 역사적 신빙성은 어떤 일반 역사보다 믿을 만한 확증이 있다."

그렇습니다. 성경은 신앙인들의 삶의 지침이 되는 아주 권위 있는 책입니다. 성경말씀을 읽고 듣고 지키는 자들의 삶 속에 성경의 약속이 구체적으로 이루어지고 있습니다. 그들의 삶이 변화되었고, 나아가 다른 사람들의 삶을 변화시키는 삶을 살고 있습니다. 이렇듯 성경은 살아있는 하나님의 말씀입니다.

(2) 성경은 유일한 책입니다.

세상에는 수없이 많은 책들이 있습니다. 모든 책 속에는 저자의 말이 담겨져 있지요. 그러나 성경은 사람의 말이 아니라 하나님의 말씀을 기록한 책입니다. 성경을 통해 살아계신 하나님이 직접 말씀하고 계십니다. 성경을 읽는 사람들은 하나님의 음성을 듣습니다. 그 어떤 책도 성경과 비교될 수 없습니다. 성경은 비교 불가능한 유일한 책이며 이 세상에서 가장 권위 있는 책입니다. 사람들이 아무리 애써서 성경의 권위를 무너뜨리려고 해도 성경의 권위는 절대 흔들리지 않습니다. 성경은 살아 있는 책이기 때문입니다.

현재 매년마다 6억 권 정도의 성경이 보급되고 있습니다. 지난 수백년 동안 세계 최고의 베스트셀러인 성경에 필적할 만한 책이 이 세상에는 한 권도 없습니다. 성경은 또한 가장 많은 언어로 번역된 기적의 책입니다. 대한성서공회가 2004년 말에 발표한 자료에 의하면, 약 6,500개의 언어중에 2,377개의 언어로 성경이 번역되었다고 합니다. 성경은 과거 어느 때보다도 놀라운 위력을 가지고 세계를 지배하고 있습니다. 우리는 하나님의 말씀인 성경이 가지고 있는 이 놀라운 권위 앞에 무릎을 꿇을 수밖에 없습니다. 그 누구도 성경의 권위를 막을 수 없습니다.

가톨릭교회는 주후 313년에 로마의 국교가 된 이후로 1200년 동안 성경과 사도들의 가르침으로부터 벗어났습니다. 가톨릭교회는 성경에서 벗어나 교황과 성모 마리아를 우상화하고 면죄부를 파는 타락한 행위를 하였습니다. 주후 1517년에 종교개혁자 루터는 교회가 '성경으로 돌아가자' 고 외쳤습니다. 사실 루터는 성경을 읽다가 성경의 핵심인 예수 그리스도에 대한 믿음과 하나님의 은총을 깨닫게 되었던 것입니다.

아직도 우리는 성경으로 더 많이 돌아가야 합니다. 성경으로 돌아가면 신앙에 대한 모든 해답이 나옵니다. 성경을 통해 교회의 체질을 매일 매일 개선해야 합니다. 그래야 교회의 세속화를 막을 수 있습니다.

성경은 과연 신비의 책인가? · 162

### (3) 성령은 성경을 통해 말씀하십니다.

성경은 기독교 신앙의 토대이자 근거입니다. 구약은 여호와 하나님이 이스라엘 백성에게 역사하신 사건을 증언한 기록입니다. 반면 신약은 인간을 직접 찾아오신 하나님, 바로 예수 그리스도에 대한 기록입니다. 여호와 하나님과 예수 그리스도에 관한 기록은 오직 성경에만 있습니다. 그러므로 성경은 하나님이 누구이신지를 보여주는 계시의 책입니다.[14]

성령은 하나님의 말씀인 성경을 통해서 역사하십니다. 성령의 역사를 통해 성경은 살아있는 말씀, 신비한 능력의 말씀으로 전환됩니다.

"하나님의 말씀은 살았고 운동력이 있어 좌우에 날선 어떤 검보다도 예리하여 혼과 영과 및 관절과 골수를 찔러 쪼개기까지 하며 또 마음의 생각과 뜻을 감찰하나니." (히 4:12)

살아있는 성경의 말씀이 우리 안에 들어와 마음의 생각과 뜻을 감찰하십니다. 성경이 영혼의 양식이 되어 우리를 살립니다.

때로 우리는 성령의 역사하심에 대해 당혹감을 가질 수 있습니다. 왜냐하면 같은 성경을 읽더라도 언제는 역사하시고 또 언제는 역사하지 않기 때문입니다. 또한 같은 성경을 읽더라도 누구에게는 역사하여 깨달음을 주시고 또 누구에게는 전혀 역사하지 않기 때문입니다.

그러나 이러한 성령의 자유로운 역사는 자연스러운 일입니다. 우리는 성경을 읽을 때 성령의 역사를 기다리는 마음으로 나아가야 합니다. 성령은 인격적인 분이십니다. 그 분은 성령의 역사를 사모하는 마음의 소원을 무시하지 않으십니다. 성경을 읽는 장소로 먼저 나아가십시오. 성령은 반드시 우리에게 예수 그리스도를 만나는 체험을 주실 것입니다. 동일하게 성령은 성경 말씀이 선포되는 교회에서도 일하십니다. 말씀을 듣다가, 혹은 성경공부를 하다가 예수님을 구세주로 영접하고 구원을 받을 수 있습니다. 죄사함의 확신과 감격을 느낄 수 있습니다. 이 모든 것이 성령의 역사입니다. 확실한 진리는 성경이 성령을 체험하는 장소이며 통로라는 것입니다.

그러므로 매일 시간을 정해서 성경을 읽어야 합니다. 성경공부에 참여해야 합니다. 믿음을 가지고 주일 설교 말씀을 경청해야 합니다. 어느 순간에 성령께서 말씀을 통해서 역사하십니다. 여러분의 영혼의 눈을 뜨게 해주십니다. 그 때 여러분은 하나님의 아들이신 구세주 예수를 믿게 될 것입니다. 예수를 믿을 때 우리가 하나님의 자녀가 된다는 성경의 말씀이 믿어질 것입니다. 예수 그리스도를 만나는 개인적이고도 주관적인 체험을 가능하게 하는 것이 바로 성령입니다. 결코 당신의 연약한 의지와 사람의 생각만으로 성경을 믿을 수 없습니다. 성령의 도우심이 있어야 성경을 믿는 것이 가능합니다.

## 2. 성경은 예수 그리스도를 증거 합니다.

성경은 창조부터 미래의 종말에 이르기까지 세상 속에서 이루어지는 하나님의 활동에 관한 이야기를 말해줍니다. 성경의 핵심은 예수 그리스도를 통하여 하나님의 사랑이 인간들에게 어떻게 나타났는지를 보여주는 것입니다.

"하나님이 세상을 이처럼 사랑하사 독생자를 주셨으니 이는 저를 믿는 자
마다 멸망치 않고 영생을 얻게 하려 하심이니라. 하나님이 그 아들을 세상
에 보내신 것은 세상을 심판하려 하심이 아니요 저로 말미암아 세상이 구
원을 받게 하려 하심이라." (요 3:16-17)

성경 안에 기록된 모든 기적들과 사건들은 하나님의 약속입니다. 그
리고 하나님의 약속은 예수 그리스도를 통해 성취되었습니다. 성경 66
권 전체의 다양한 내용과 사건들은 예수 그리스도를 향해 있습니다. 이
것이 바로 앞에서 다뤘던 성경의 통일성입니다. 예수 그리스도를 통해
서 인류를 죄에서 구원하시고자 하는 하나님의 선하신 뜻과 사랑이 성경
전체에 흐르고 있습니다. 그러므로 우리는 예수 그리스도의 십자가를
통해 구약의 모든 사건과 말씀을 해석해야 합니다. 아래의 표는 그리스
도 중심적인 구약 해석을 보여줍니다.

| 성경본문 | 내용 | 그리스도 중심적 해석 |
|---|---|---|
| 창 3:15 | 내가 너로 여자와 원수가 되게 하고 너의 후손도 여자의 후손과 원수가 되게 하리니 여자의 후손은 네 머리를 상하게 할 것이요 너는 그의 발꿈치를 상하게 할 것이니라. | 우리는 여자의 후손을 예수 그리스도로, 뱀은 마귀로 해석합니다. 뱀이 여자의 후손의 발꿈치를 상하게 하는 것을 예수의 십자가의 죽음으로, 여자의 후손이 뱀의 머리를 상하게 한 것을 예수의 부활로 해석합니다. 창3:15절을 원복음으로 해석한다면, 요3:16절은 복음의 핵심입니다. |
| 창 3:21 | 여호와 하나님이 아담과 그 아내를 위하여 가죽옷을 지어 입히시니라. | 하나님이 가죽옷을 입히신 사건은 아담과 하와를 대신하여 어떤 짐승이 대신 피를 흘려 죽었음을 암시합니다. |
| 창 22:13 | 아브라함이 눈을 들어 살펴본즉 한 수양이 뒤에 있는데 뿔이 수풀에 걸렸는지라 아브라함이 가서 그 수양을 가져다가 아들을 대신하여 번제로 드렸더라. | 아브라함은 자신의 아들인 이삭을 대신하여 수양을 번제로 드렸습니다. 이삭을 대신하여 죽은 수양은 예수 그리스도로 해석될 수 있습니다. |
| 출 12:5 | 너희 어린 양은 흠 없고 일 년 된 수컷으로 하되 양이나 염소 중에서 취하고 | 출애굽 당시의 번제로 드리는 어린양은 예수 그리스도를 상징합니다. 그래서 세례 요한은 예수 그리스도를 세상 죄를 지고 가는 하나님의 어린양이라고 말했습니다. |

| 성경본문 | 내용 | 그리스도 중심적 해석 |
|---|---|---|
| 출 22:22-23 | 너희는 우슬초 묶음을 취하여 그릇에 담은 피에 적시어서 그 피를 문 인방과 좌우 설주에 뿌리고 아침까지 한 사람도 자기 집 문 밖에 나가지 말라. 여호와께서 애굽 사람을 치러 두루 다니실 때에 문 인방과 좌우 설주의 피를 보시면 그 문을 넘으시고 멸하는 자로 너희 집에 들어가서 너희를 치지 못하게 하실 것임이니라 | 출 22:1~23절은 이스라엘이 출애굽 당시에 유월절 어린양을 하나님께 희생제사로 드린 사건을 기록하고 있습니다. 이 때 죽임을 당한 어린양이 바로 예수 그리스도이십니다. |
| 민 21:9 | 모세가 놋 뱀을 만들어 장대 위에 다니 뱀에게 물린 자마다 놋 뱀을 쳐다본즉 살더라 | 민수기에 보면 이스라엘 백성이 불순종할 때에 불 뱀이 나타나 백성들을 물어죽입니다. 이때에 모세가 하나님께 기도합니다. 하나님은 놋뱀을 만들어 장대에 달라고 말씀하십니다. 뱀이 달리는 것은 예수 그리스도의 십자가의 죽음을 의미합니다. |

이 외에 요나가 사흘 동안 고기 뱃속에 있었던 사건도 그리스도가 사흘 동안 무덤 안에 있어야 하는 사건으로 해석합니다.(마 12:40) 또한 시편과 모든 예언의 말씀들도 예수 그리스도 중심으로 해석해야 합니다. 대표적으로 이사야 53장은 예수 그리스도의 십자가의 고난을 가장 명확하게 예언한 것으로 유명한 장입니다.

### 3. 역사와 인생의 임상실험을 마친 성경의 능력

마틴 루터는 에르푸르트의 수도원 시절부터 '구원'의 문제에 관해서 깊이 사색하며 기도했습니다. 때로는 금식과 고행도 하며 고민하고 씨름했습니다. 인간이 선행을 하고 공적을 쌓는 것으로 하나님 앞에서 구원받을 '권리'를 주장할 수 있을까? 인간이 아무리 공적을 쌓는다고 해도 하나님께서 보시기에 그것은 너무도 보잘 것 없고 미미한 것 아닐까? 루터는 인간의 선행과 공적만으로는 결코 구원에 이를 수 없다고 확신했습니다. 더구나 인간은 원죄 가운데 태어났으므로 인간들이 행하는 선행까지도 인간의 죄악으로 오염될 수 있다고 보았습니다.

그러면 인간은 어떻게 구원을 받을 수 있을까? 밤낮으로 고민하던 루터에게 성경말씀 한 구절이 마치 하늘의 계시처럼 들려왔습니다. "의인은 믿음으로 말미암아 살리라" (롬 1:17). 루터는 이 한 마디의 성경말씀에서 그가 그토록 고민하고 추구했던 해답을 얻었습니다. 인간이 구원에 이르는 길은 오직 '믿음' 뿐이며 인간의 구원은 우리를 용서하시고 용납해주시는 하나님의 '은혜'의 선물이라는 것이었습니다. 이것은 당시 가톨릭교회의 일반적인 가르침과는 거리가 먼 것이었습니다. 그러나 루터에게는 소경이 눈을 떠서 밝은 빛을 보듯, 구원의 진정한 의미를 깨닫고 신앙의 새로운 세계가 열리는 은총의 순간이었습니다. 결국 루터는 성경을 통해 변화되었습니다. 루터 당시 성경은 모든 사람이 읽을 수 있는 책이 아니었습니다. 성직자들만의 전유물이었고 일반 평신도들에게는 '닫혀진 책'이었습니다. 루터 자신도 대학을 졸업하고 수도원에 들어갈 때까지 성경을 한 번도 읽어본 일이 없었다고 술회했습니다. 이러한 상황에서 루터는 모든 세례 받은 크리스천은 하나님 앞에서 모두 성직자들이라고 하는 '만인제사장직'을 주장했습니다. 따라서 모든 크리스천은 성경을 읽을 수 있다는 주장을 폈습니다. 이렇게 성경을 모든 크리스천이 읽을 수 있는 '열려진 책'으로 만들어 준 것은 루터의 가장 큰 공헌 중의 하나입니다. 독일 사람들이 누구나 성경을 읽기 위해서는 독일어 성경이 필요했습니다. 루터는 피신 생활 기간을 신약성경을 독일어로 번역하는 기회로 삼았던 것입니다. 그는 번역작업에 집중하여 불과 12주 만에 신약성경 번역 초역을 끝냈습니다. 생동감 넘치는 유려한 문체로 오늘날까지 독일 사람들의 사랑을 받고 있는 '루터성경' 번역작업은 이렇게 이루어졌던 것입니다. 루터는 성경이 기독교인의 신앙에 있어 얼마나 중요한지를 깨달은 사람이었기에 목숨을 걸고 성경번역을 시도했던 것입니다.

결국 그는 1517년 면죄부를 팔면서 예수 그리스도를 경시한 중세 가톨릭교회의 개혁을 시도하여 종교개혁의 선구자가 되었습니다.

18세기의 영국은 정치, 사회, 문화, 종교를 포함한 총체적 위기에 있었습니다. 프랑스와 같이 유혈혁명이 일어날 것 같은 분위기였습니다.

1700-1760년은 영국역사 속에서 가장 어두운 암흑의 시기였습니다.[15]

이러한 영국을 예수 그리스도의 복음으로 구원하여 오늘날과 같은 민주주의의 나라, 신사의 나라로 새롭게 탄생시킨 사람이 있습니다. 그가 바로 요한 웨슬리(A.D.1703-1791)입니다.

그는 신앙생활을 규칙적으로 하는 신성클럽의 회원이었습니다. 성경을 정기적으로 읽고, 매일 1시간 이상씩 기도하고, 정기적인 금식을 통해 열심히 신앙생활을 하던 자였습니다. 그럼에도 불구하고 그는 예수님을 개인적으로 만나는 체험, 즉 거듭남의 체험(중생)을 경험하지 못했습니다.

1735년 10월 18일 존 웨슬리는 오글레돕 장군과 함께 220톤의 "시몬즈"호를 타고 미국선교를 떠났습니다. 그러나 조지아(Georgia) 선교는 실패로 끝나게 되고 1738년 2월 1일 본국에 돌아왔습니다. 이런 좌절 가운데 있던 웨슬리를 성령께서 만져주셨습니다. 1738년 5월 24일 웨슬리는 런던의 올더스게잇(Aldersgate)가에서 열린 한 저녁 집회에 참석했습니다. 그는 루터의 로마서 서문을 읽는 것을 듣던 중 8시 45분경에 '마음이 이상하게 뜨거워지는' 체험을 하게 됩니다. 웨슬리는 하나님께서 예수 그리스도를 통해 자신의 모든 죄를 사해주셨다는 구원의 확신을 갖게 되었습니다. 항상 읽던 똑같은 성경이었지만 5월 24일 밤만은 달랐습니다. 성경 말씀을 통해 예수님을 만났습니다. 성령이 그의 마음을 뜨겁게 하고 그의 눈을 열어주셨습니다. 이 사건은 위기의 영국을 구하고 영적인 침체에 빠진 나라를 대 부흥으로 이끈 출발점이며 원동력이 되었습니다. 성경의 말씀으로 변화된 웨슬리는 "오직 한 책의 사람이 되게 하소서!'라는 유명한 말을 남겼습니다.

미국의 정치가이자 군인인 월리스는 어려서부터 불신자였고 장성하여 철저한 무신론자가 되었습니다. 그는 기독교를 공격하기 위해 성경을 읽기 시작했습니다. 성경의 잘못되고 거짓된 부분을 찾기 위하여 열심히 성경을 읽어 나가는 동안 그의 마음속에 놀라운 변화가 일어나기 시작했습니다. 말씀 속에 존재하는 하나님의 능력이 굳어진 그의 마음을 녹이기 시작했습니다. 마침내는 자신이 죄인임을 발견했으며, 예수님께서 모든 사람의 죄를 대신해 십자가를 지셨다는 사실을 깨닫게 되었습니다. 예수님의 크고 놀라우신 사랑과 용서와, 영생을 허락하시는 은혜를 깨달은 월리스는 성경을 비판하려던 붓을 내려놓았습니다. 그 대신 하나님의 영감으로 기록된 성경을 토대로 소설을 쓰기 시작하였습니다. 그것이 바로 많은 이들을 예수님께로 인도한 불후의 명작 「벤허」라는 소설입니다.

프로축구 수원 삼성의 차범근 감독도 말씀을 통해 변화되었습니다. 그는 출애굽기 35장 30, 31절 말씀을 묵상하면서 힘을 얻었습니다. "여호와께서 유다 지파 훌의 손자요 우리의 아들인 브살렐을 지명하여 부르시고 하나님의 신을 그에게 충만케 하여 지혜와 총명과 지식으로 여러 가지 일을 하게 하셨다" 주위로부터 숱한 모함을 당할 때, 경기장에서 불안과 초조의 시간을 보낼 때 그는 이 성구를 마음속에 간직했습니다. 하나님의 영이 함께 하시면 최고가 될 수 있다는 자신감을 가졌습니다. 그는 고난이 닥칠 때마다 지혜와 총명을 주시는 하나님을 향해 기도함으로 모든 것을 이겨냈습니다.

성경을 펴기 전에 성경의 저자이신 하나님께 기도하십시오. 지금 이 시간 나에게 주시는 하나님의 말씀을 깨닫게 해 주십시오. 나의 생각이나 나의 뜻이 아니라 하나님의 뜻대로 말씀을 읽고, 그대로 순종할 수 있게 도와주십시오. 성령께서 온전히 나를 인도해 주십시오. 이렇게 기도할 때 시편 기자가 기록한 것같이 "주의 말씀은 내발에 등이요 내 길에 빛입니다."(시119:105)라고 고백하게 될 것입니다.

바로 지금! 당신도 성경을 통해 일하시는 성령의 기적을 체험할 수 있습니다. 위에 소개된 믿음의 사람들과 기적적인 사건들은 단순히 지나간 과거의 사건이 아닙니다. 성령의 역사는 오늘 우리에게 놀라운 사건으로 현실화될 수 있습니다. 성경은 우리의 삶을 변화시키는 메시지를 담은 책입니다. 우리의 삶을 새롭게 하는 능력을 지닌 좋은 소식이 바로 성경입니다. 그리고 성경은 미래의 방향을 지시해 주시며 진리 되신 예수님에게로 인도하십니다. 성경을 통해 인생이 역전되는 멋진 삶을 살아보지 않으시렵니까?

토론사항

1. 당신은 성경을 읽으면서 어떠한 생각을 가지는가?
   성경은 신비의 책인가? 아니면 성경은 황당한 책인가?

2. 성경은 기독교인들의 생활지침서이다.
   성도의 삶의 기준으로서의 성경에 대해 말해보라.

3. 성경은 세계에서 가장 오래된 책이며, 세상에서 가장 많이 팔린 최고의
   책이다. 어떻게 성경은 최고의 책이 될 수 있는가?

4. 성경과 성령의 관계는 무엇인가?

5. 성경과 예수 그리스도의 관계는 무엇인가?

6. 당신의 삶은 성경을 통해 변화되었는가?
   만약 변화되었다면, 무엇이 변화되었는가?

Discovering the mystery of the Holy Spirit.

10 주제 >>>

# 10

## 성령의
## 신비를 밝힌다.

성령은 신비의 영입니다. '신비하다'는 말은 사람의 생각과 이론을 초월하는 신비스럽고 영묘한 비밀을 가리킵니다. 우리는 성령을 통하여 인간의 눈으로 볼 수 없는 하나님을 느끼기 때문에 성령을 '신비의 영'이라 일컫습니다. 이처럼 성령은 인간의 언어로 적절하게 표현하기는 어렵지만 실재하고 있는 그 무엇이라 할 수 있습니다.

성령은 신비의 영입니다. '신비하다' 는 말은 사람의 생각과 이론을 초월하는 신비스럽고 영묘한 비밀을 가리킵니다. 우리는 성령을 통하여 인간의 눈으로 볼 수 없는 하나님을 느끼기 때문에 성령을 '신비의 영' 이라 일컫습니다. 이처럼 성령은 인간의 언어로 적절하게 표현하기는 어렵지만 실재하고 있는 그 무엇이라 할 수 있습니다.

기독교인들은 예수를 하나님의 아들로 고백하는 사람들입니다. 기독교인들은 예수가 동정녀 마리아에게서 태어났다는 사실, 인류를 구원하기 위한 예수님의 십자가 죽음, 그리고 부활과 승천 등의 모든 초자연적인 사건들을 믿음으로 받아들입니다.

사실 이러한 초자연적인 사건들을 인정하고 예수를 하나님의 아들로 인정한다는 것은 쉽지 않은 일입니다. 더욱이 예수님과 관련된 기적적인 사건들은 과학적으로 설명하거나 검증할 수 없는 것들입니다. 과학적 평가를 절대시하는 현대인의 눈으로 보았을 때 예수를 믿는다는 것은 정상적인 사람들이 이해하기 어려운, 비정상적인 사람들의 특이한 행위인 것처럼 보일 수 있습니다.

그렇다면 기독교인들은 과연 어떻게 예수님에 대한 믿음을 소유할 수 있을까요? 예수님을 신앙의 대상으로 삼는 것이 바로 기독교 신앙의 놀라운 신비라 할 수 있습니다. 이러한 기독교 신앙의 신비는 '성령' 을 인정해야만 이해할 수 있습니다. 성령은 불가능한 믿음을 가능케 하시는 분입니다.

"성령으로 아니하고는 누구든지 예수를 주(主)시라 시인할 수 없느니라."
(고전 12:3)

　우리는 주위에서 다음과 같은 깜짝 놀랄 만한 일들을 드물지 않게 경험하고 있습니다. 이성적이고 과학적인 사고를 하는 사람들, 때로는 기독교에 대해 신랄하게 비판하던 사람들이 어느 날 갑자기 예수를 믿게 되는 사건이 바로 그것입니다. 함께 술을 마시고 세상을 즐기면서 예수를 믿는 사람들을 비웃고 조롱했는데, 어느 날 그 친구가 예수를 믿더니 이렇게 말합니다. "나는 예수님을 믿고 이제 달라졌어, 난 예수님을 사랑해, 너도 한번 믿어보지 않겠니?"

　이러한 사건을 어떻게 설명해야 할까요? 인간의 이성으로는 도저히 이해하기 힘든 부분입니다. 그러나 눈에 보이지 않는 성령의 역사가 이것을 가능케 합니다. 하나님의 거룩하신 영인 성령이 우리에게 임하면 예수라는 사람을 하나님의 아들로 고백하게 됩니다. 그리고 형용할 수 없는 신비스러운 평안함과 기쁨을 경험하게 됩니다. 지금부터 성경이 말하고 있는 성령, 불가능을 가능케 하는 성령이 누구인지 살펴봅시다.

## 1. 성령은 하나님의 영이십니다.

　하나님은 영이십니다. "하나님은 영이시니 예배하는 자가 신령과 진정으로 예배할지니라."(요 4:24) 우리는 하나님을 영(Spirit)이라는 단어로 달리 표현할 수 있습니다. 하나님은 영이시기 때문에 인간의 눈으로 그 분을 직접 볼 수는 없습니다. 그러나 우리는 자연을 바라보면서 만물

속에 계시는 하나님의 신성을 느낄 수 있습니다. 마찬가지로 성령도 우리의 눈엔 보이지 않지만 분명히 느낄 수 있는 '하나님의 영' 입니다.

## 2. 성령님이 하시는 일 .

### (1) 성령은 창조의 영이십니다.

성령은 영원 전부터 하나님과 함께 계셨으며, 성부 하나님과 함께 하나님의 창조에 참여하셨습니다. '영' 은 히브리어로 루아흐(ruach)입니다. 이 말은 바람, 숨 또는 호흡 이라는 뜻을 가지고 있습니다. 그러므로 영은 생명을 의미합니다. "여호와 하나님이 흙으로 사람을 지으시고 생기를 그 코에 불어 넣으시니 사람이 생령이 된지라" (창 2:7) 즉 성령으로 말미암아 생명이 창조되고 만물이 유지됩니다. 성령은 만물 안에, 즉 세계 속에서 활동하는 창조의 영이며, 하나님의 생명의 힘입니다.

### (2) 성령은 초자연적인 능력을 부여하시는 분이십니다.

초월적인 하나님은 자신의 영인 성령을 세상에 보내십니다. 성령이 특정한 개인에게 임하시면 그들 속에서 하나님의 능력, 초자연적인 능력이 나타납니다. 성경 곳곳에서 이러한 성령의 활동을 찾아 볼 수 있습니다. 성령은 요셉에게 꿈을 해몽하는 초자연적인 능력을 주셨습니다.

- 삼손은 성령이 임할 때 초인적인 힘을 발휘하였습니다. (삿 14:6,19; 15:14)
- 성령은 예술작품을 만드는 장인들에게 창의적인 능력을 주었습니다. (출 31:1-5)
- 선지자들은 성령의 임재를 통해 하나님을 대신하여 예언하였습니다.
  (대하 15:1-2)

구약성경의 저자는 바로 성령이라 할 수 있습니다. 왜냐하면 성령이 선지자들이나 성경의 저자들에게 임하여 하나님의 말씀을 전달했기 때문입니다.

다니엘은 하나님의 신이 충만한 사람이었습니다. 신이 충만하였다는 말은 곧 성령이 충만했음을 의미합니다. 따라서 그는 세상이 소유할 수 없는 놀라운 것들을 가질 수 있었습니다. 느부갓네살 왕은 이렇게 말합니다.

> "내가 네게 대하여 들은즉 네 안에는 신들의 영이 있으므로 네가 명철과 총명과 비상한 지혜가 있다 하도다." (단 5:14)

요즈음 한국에 '다니엘 학습법' 이 유행하고 있습니다. 다니엘 학습법은 다니엘처럼 뜻을 정하여(단 1:8) 하나님의 지혜를 받아 공부하는 신본주의 학습법입니다. 김동환 전도사의 '다니엘 학습법' 이라는 책은 출간 7개월 만에 15만부를 돌파하는 등 '다니엘 신드롬' 이라는 신조어를 창출해낼 만큼 많은 화제를 불러일으키고 있습니다. 서울대 전체수석으로 졸업한 김동환 목사[16]는 다니엘 학습법으로 1억 원짜리 과외도 못 당하는 신비의 공부법, 하나님이 주신 놀라운 지혜의 비밀, 스스로 공부하게 만드는 기적의 학습법을 제시하고 있습니다. 다니엘 학습법은 학생들이 성령이 충만한 가운데, 하나님의 능력 안에서 학습하게 되면 폭발적인 학습 효과를 거두게 된다는 것입니다. 이렇듯 성령은 우리에게 하나님의 초자연적인 능력을 부여하시는 분이십니다. 우리는 성령의 도움을 받아 평범한 인간이 수행할 수 없는 어려운 일도 거뜬하게 수행할 수 있는 것입니다.

(3) 성령은 우리 안에서 일하심으로 하나님의 뜻을 이루시는 분입니다.

하나님의 뜻은 성령이 충만한 자를 통해 이루어집니다. 바꿔 말하면 하나님의 뜻을 이루고 그 분의 계획을 수행하기 위해서는 인간의 능력이 아닌 성령의 능력이 필수적이라는 말입니다. 성령이 임하시면 두려움이 떠나갑니다. 믿음의 행동을 할 수 있는 담대함과 용기가 생깁니다.

> "만군의 여호와께서 말씀하시되 이는 힘으로 되지 아니하며 능으로 되지 아니하고 오직 나의 신으로 되느니라."(슥 4:6)

이스라엘에서는 머리에 기름을 부어서 왕, 선지자, 제사장을 임명합니다. 기름을 붓는 행동은 성령이 임함을 상징적으로 보여주는 행위입니다. 왕과 선지자, 제사장들은 자신의 능력으로 하나님의 일을 하는 것이 아닙니다. 오직 성령이 그들 안에 거하고 역사함으로써 백성을 통치하고 하나님의 뜻을 이루는 것입니다.

그러나 구약시대의 성령은 언제나 일시적인 것이었습니다.

하나님께 불순종하는 죄를 지은 사울왕은 여호와의 신이 그로부터 떠나감을 경험했습니다. (삼상 16:14) 다윗왕은 간음죄를 짓고 "나를 주 앞에서 멀리하지 마시고 주의 성령을 내게서 거두지 마소서"(시 51:11)라고 울부짖었습니다. 사울왕에게서 성령이 멀리 떠나버린 것처럼 자신으로부터 성령이 사라질까 봐 다윗은 걱정을 했던 것입니다.

구약시대 하나님은 성령을 통하여 그의 백성인 이스라엘과 함께 하길 원했습니다. 하지만 구약시대에 이스라엘 백성 모두가 성령의 임재를 직접적으로 경험한 것은 아니었습니다. 하나님은 단지 자신이 선택한 지도자들에게 성령을 부어주셨을 뿐입니다. 성령에 감동된 지도자들이 백성들에게 하나님의 뜻을 전하는 역할을 감당했습니다. 결과적으로 구약의 이스라엘 백성은 성령을 부분적으로 체험했다고 볼 수 있습니다.

정리하면 구약시대의 성령 임재는 보편적인 사건이 아니라 선택된 소수의 사람들만 경험할 수 있는 사건이었습니다. 또한 성령의 임재는 영속적인 것이 아니라 일시적인 것이었습니다. 더 나아가 성령의 임재는 개개인을 위한 것이 아니라 이스라엘 백성 전체를 위한 공동체적인 것이었습니다. 쉽게 말해, 삼손, 기드온, 입다 등에게 성령이 임한 것은 그 개인을 위한 것이 아니라 고통 가운데 있는 이스라엘 백성을 구원하기 위한 것이었습니다.

그러나 구약의 선지자들은 성령의 임재가 충만하게, 일시적이 아니라 지속적으로, 소수에게가 아니라 보편적으로 임할 시대를 예언하였습니다. 그들은 성령의 충만함이 지속적으로 머물게 될 메시아(기름부음 받은 자)를 기다렸습니다.

(4) 성령은 예수 그리스도의 구원사역을 완성하는 분이십니다.

① 예수의 지상사역은 성령사역이었습니다.

주후 1세기의 신자들은 나사렛 예수를 그리스도(기름부음을 받은 자, 메시야)로 고백하였습니다. 이들은 예수가 바로 구약의 선지자들이 예언했던 그리스도, 성령의 충만함을 아주 특별하게 소유했던 분이라고 믿었습니다.

예수의 출생부터가 성령에 의한 특별한 탄생이었습니다. 천사 가브리엘이 처녀인 마리아에게 "성령이 네게 임하시고 지극히 높으신 이의 능력이 너를 덮으시리니"라고 선포하였습니다. 성령은 예수에게 병을 고치는 능력과 귀신을 내쫓는 능력을 주셨습니다. 예수는 성령의 권능을 통해서 죽음을 이기고 부활했습니다. 예수의 지상사역은 그야말로 성령의 충만한 역사였습니다.

② 예수는 성령을 나누어 주는 분이었습니다.

예수는 특별하게 성령으로 기름부음 받은 분임과 동시에 사람들에게 성령을 부어주시는 분이었습니다. 예수는 구약에서 약속한 보편적인 성령을 온전히 드러내셨습니다.

"누구든지 목마르거든 내게로 와서 마시라 나를 믿는 자는 성경에 이름과 같이 그 배에서 생수의 강이 흘러나리라." (요 7:37-38)

죽음에서 부활하신 예수님은 제자들에게 나타나셔서 성령의 충만한 임재를 약속하셨습니다. 이 때 제자들은 예수를 죽인 유대인들이 자기들도 죽이려 하는 것을 알고 숨어서 두려움에 떨고 있었습니다. 예수님은 두려워하고 있는 제자들 앞에 나타나셔서 성령을 받으라고 말씀하셨습니다.

③ 성령은 예수의 구원사역을 완성하시는 분입니다.

예수님이 약속하신 성령은 보혜사, 즉 조력자를 의미합니다. 성령은 늘 제자들과 함께 하시며, 그들로 하여금 하나님이 맡겨주신 사명을 잘 감당할 수 있도록 도와주시는 분이십니다. 또한 성령은 예수님이 이루어놓은 구원사역을 완성하도록 보내심을 받은 분이었습니다. 실제로 성령은 예수님의 지상사역을 가능케 하셨습니다.

결과적으로 성령은 예수님이 하나님의 아들임을 증거 합니다. 제자들이 믿음 위에 굳게 서서 예수의 복음을 담대히 증거 하도록 돕습니다. 성령에 충만하여 인류를 죄에서 구원하는 사역을 감당하셨던 예수님은 또한 성령이 제자들에게도 충만히 임하실 것을 선포하셨습니다. 그것이 바로 오순절 날에 일어난 사건입니다. 이 때 일어난 성령의 강림은 객관적이고 역사적인 사건이었습니다.

"오순절 날이 이미 이르매 저희가 다 같이 한 곳에 모였더니 홀연히 하늘로부터 급하고 강한 바람 같은 소리가 있어 저희 앉은 온 집에 가득하며 불의 혀같이 갈라지는 것이 저희에게 보여 각 사람 위에 임하여 있더니 저희가 다 성령의 충만함을 받고 성령이 말하게 하심을 따라 다른 방언으로 말하기를 시작하니라." (행 2:1-4)

(5) 오순절의 성령강림 사건은 새 시대, 즉 교회 선교의 시대를 열었습니다.

예수의 제자들은 성령의 권능을 받아 예루살렘에서 시작하여 당시 세계의 중심인 로마를 거쳐서 전 세계로 예수의 복음을 증거 했습니다.

"오직 성령이 너희에게 임하시면 너희가 권능을 받고 예루살렘과 온 유대와 사마리아와 땅 끝까지 이르러 내 증인이 되리라 하시니라." (행 1:8)

여기서 권능은 활화산 같은 성령의 능력을 의미하고, 증인은 순교자를 의미합니다.

성령의 능력을 받아 복음을 전했던 11명의 사도들은 모두 순교하였습니다. 이들은 진실로 세상이 감당할 수 없는 능력의 사람들이었습니다. 사도 요한은 순교는 하지 않았지만 눈이 뽑혀서 밧모 섬으로 유배되었습니다. 이들의 순교의 피가 지난 2000년간의 세계의 역사를 바꾸었습니다. 지난 2004년에 더 패션 오브 크라이스트(The Passion of Christ)라는 영화가 전세계를 강타한 후, 미국 CNN 방송은 지난 2000년 동안 세계의 역사를 바꾸며 가장 큰 영향력을 끼친 인물이 바로 예수 그리스도라고 말했습니다. 바로 성령이 세계 모든 민족 위에 예수 그리스도의 복음이 증거 되게 하는 강력한 동력이 되었던 것입니다.

### (6) 성령은 신자가 거듭나서 중생하도록 합니다.

우리가 믿음으로 예수를 영접하여 새롭게 태어나는 것을 중생이라고 말합니다. 우리가 '중생' 하는 사건은 성령의 역사가 아니고서는 일어날 수 없습니다. 왜냐하면 성령께서 임하셔야만 우리 자신이 죄인이라는 것을 깨닫고, 예수께서 우리의 죄를 위해서 피를 흘리셨다는 것을 믿을 수 있기 때문입니다. 성령의 사역은 2000년 전 예수님이 이루신 객관적인 구원 사건을 오늘날 우리의 삶에 다시 일어나도록 적용시키는 것입니다. 2000년 전 예수님이 흘리신 보혈이 지금 이 시간 나의 죄를 위해 흘리신 보혈임을 우리로 하여금 믿게 하는 것이 바로 성령의 역사인 것입니다.

콜슨은 미국에서 교도소 선교로 유명한 사람입니다. 그는 닉슨 정부 때 닉슨의 보좌관으로 권력의 중심에 있었습니다. 그러다가 워터게이트 사건으로 감옥에 들어갔습니다. 그는 감옥에서 고뇌하던 중에 친구가

넣어준 시어즈 레이스가 쓴 '크리스천이리라' 는 책을 읽다가 성령으로 거듭나는 경험을 하게 됩니다. 그리고 그는 자신의 특별한 경험을 바탕으로 '거듭남' (Born again)이라는 제목의 책을 썼습니다. 당시 이 책은 기독교 서점 뿐 아니라 일반 서점에서도 베스트셀러가 되었습니다. 그러면서 '거듭남' 이라는 말이 미국 사회에 큰 충격을 주기 시작했습니다. 그때부터 '당신은 거듭난 사람입니까' 에 대답하는 것이 대선 주자들이 거쳐야 되는 첫 번째 시험이 되었던 것입니다.

성령은 우리가 예수를 구주로 영접할 수 있도록 마음에 깨달음을 주시는 분입니다. 그러므로 우리가 그리스도인이 되는 첫 출발도 성령의 사역이 아니고서는 이루어질 수 없습니다. 성령이 없이는 우리가 회개할 수도 없고 예수가 우리의 구세주임을 깨달을 수도 없기 때문입니다.

(7) 성령은 전도와 선교를 할 수 있는 능력과 열정을 주십니다.

1885년, 미국 장로교회 선교사 언더우드는 아무런 연고도 없는 낯선 나라 한국에 와서 목숨을 걸고 예수 그리스도의 복음을 전하였습니다. 당시에 복음을 전하는 것은 죽음을 각오하지 않고서는 할 수 없는 일이었습니다. 그러나 그의 가족은 무려 4대에 걸쳐 119년 동안 조건 없는 하나님의 사랑을 한국에 보여주었습니다. 언더우드 가족은 세브란스 병원, 연세대, YMCA를 설립했고, 독립사상을 고취하는 등 한국에 대한 지극한 사랑을 쏟아 부었습니다. 언더우드 1세, 2세, 3세는 한국을 사랑하여 한국 땅에 묻혔습니다. 얼마 전 언더우드 4세는 한국선교의 그 모든 계획이 완성되었다고 생각하여 한국을 떠났습니다. '영원한 한국인', '한국 교육과 한국 교회의 큰 별' , '연세대 설립자' 이자 '한국 최초의 외국인 선교사'로 한국의 교육과 종교, 사회운동에 지대한 영향을 미친 언더우드(Underwood) 일가가 한국에 온지 119년 만에 한국을 떠난 것입니다. 이들 가족의 복음을 위한 열정과 한국 땅을 향한 특별한 사랑은 성령의 역사로 밖에는 설명할 길이 없습니다.

또한 미국 감리교의 제 1대 선교사인 아펜젤러는 한국 감리교회를 세운 분입니다. 그는 한국에 복음을 전하기 위해 배재학당과 이화학당을 설립하여 교육 사업을 일으켰습니다. 그러나 이와 같은 공적보다 그를 더욱 존경하게 만드는 것은 목숨을 바친 그의 희생이었습니다. 1902년 6월 아펜젤러 선교사는 목포로 항해하는 오사카 선박회사의 쿠마가와 마루호에 승선하여 항해하고 있었습니다. 목포에서 열리는 성서번역회의에 참석하기 위함이었습니다. 항해하던 배가 어청도 부근을 지나던 중 다른 선박과 충돌하는 사고가 일어났습니다. 배가 침몰하기 시작했고 사람들은 배를 버리고 탈출하기 시작했습니다. 그는 1등 실에 타고 있었기 때문에 충분히 구조를 받을 수 있었습니다. 그러나 동행했던 한 사람이 아직 선실에서 나오지 못한 것을 알고 다시 배 가운데로 들어갔다가 둘 다 세상을 떠나고 말았습니다. 아직 어둠에 잠겨 있던 동방의 한 작은 나라를 깨우고, 그 나라를 예수의 빛으로 밝히려 했던 선교사 아펜젤러! 한 알의 밀이 땅에 떨어져 죽어 많은 열매를 맺는 것처럼 그의 죽음은 한국 교회 선교의 씨앗이 되었습니다. 복음을 전하려고 한국에 찾아와 자신의 생명을 기꺼이 바친 아펜젤러의 순교정신과 한국사랑은 성령의 신비한 역사가 아니고서는 설명되어질 수 없는 일이 아니겠습니까?

성경은 성령의 책입니다. 왜냐하면 성령은 성경의 저자일 뿐 아니라 성도들에게 전하는 특별한 메시지를 성경이라는 책을 통하여 말씀하시기 때문입니다. 성령은 성경의 말씀을 통해 예수 그리스도를 증거하고 성도들의 삶을 하나님께로 인도합니다. 그러므로 성령을 이해하지 않고서는 성경을 이해할 수 없습니다. 이러한 성경에 관한 성령의 사역을 '영감' 과 '조명' 이라는 두 가지 차원에서 다루어 보겠습니다.

'영감' 은 성경의 저자들이 하나님의 뜻을 기록할 수 있도록 그들의 마음에 역사하신 성령의 영향력입니다. 성령은 각 시대마다 선택된 하나님의 사람들에게 영적인 감동을 주어서 하나님의 뜻을 전달하였습니다.

그런데 이러한 성령과 성경의 관계에 대한 말씀을 지나치게 극단적으로 받아들여 성령이 성경의 저자들에게 성경 원본의 글자 하나하나를 기계적으로 주입하여 쓰게 했다는 견해가 있습니다. 그러나 이것은 성경 저자의 인간적인 요소들을 전혀 배려하지 않은 견해입니다. 따라서 성경의 저자들은 그들의 성장배경, 성격, 학문, 당시 시대적 상황 등을 배려하시는 성령의 능력과 감동으로 성경을 썼다는 견해가 더 설득력이 있습니다. 그러므로 우리는 성서 전체를 하나님의 영감이 깃든 유기체로 이해해야 합니다. 더 나아가 성서가 쓰여 질 때 각 성서 기자들의 역사적인 상황과 개인적인 상황이 반영되었다는 것을 알아야만 성경 속에 나타나는 상호 모순적으로 보이는 충돌과 비과학적이고 비합리적인 것처럼 보이는 여러 요소들을 이해할 수 있게 됩니다.

'조명'은 성경을 읽는 사람들에게 하나님의 말씀을 깨닫게 하는 성령의 능력입니다. 우리는 성경을 읽으면서 영적인 진리를 깨달아야 합니다. 그런데 그 깨달음은 세상 지식으로부터 오지 않습니다. 성경의 저자는 성령이십니다. 그러므로 성령이 함께 하시어 그분이 우리를 가르치실 때만 비로소 우리는 성경을 통해 말씀하시는 하나님의 음성을 들을 수 있습니다.

세계 최초의 우주비행사 가가린은 1961년에 우주선 보스토크 1호로 지구상공을 한 바퀴 도는 비행에 성공한 후에 자신의 눈으로 하나님을 보지 못했다고 자신 있게 말했습니다. 이와는 정반대로 1969년 아폴로 11호를 타고 인류최초로 달에 도착한 우주비행사 닐 암스트롱과 1971년 아폴로 12호를 타고 달에 도착한 우주 비행사 제임스 어윈은 '우주 가운데 계시는 하나님의 임재를 느꼈다'고 말했습니다. 모두가 동일하게 우주 비행을 했지만 어떤 이는 하나님을 느끼고 다른 이는 하나님을 느끼지 못했습니다. 왜 그럴까요? 아마도 그것은 영혼의 눈이 열린 자만이 하나님의 존재를 바라볼 수 있고, 영의 귀가 열린 자만이 하나님의 음성을 들을 수 있기 때문일 것입니다. 즉 성령이 성경을 깨닫게 하시고, 우리의 마음을 열어주시고, 영적인 눈을 열어주실 때 우리는 예수를 개인적으로 체험하고 만날 수 있습니다. 또한 그 때에만 성경 속에서 하나님의 음성을 들을 수 있습니다.

1. 왜 성령은 신비의 영인가?

2. 구약에서 성령의 사역은 무엇인가?

3. 신약에서 성령의 사역은 무엇인가?
   예수 그리스도와 성령의 관계는 무엇인가?

4. 성경의 저자로서 성령에 대해 말해보라.

5. 거듭남(중생)은 무엇을 의미하는가?
   성도의 거듭남에 있어 성령의 사역은 무엇인가?

6. 성령님의 은혜를 통하여 거듭남을 경험하기를 지금 간구하라. 성령님을
   존중하고 높여 드리고 구하라. 성령님을 초청하라.

What is the Church?

# 교회란 무엇인가?

우리는 교회의 성도들을 사랑해야 합니다. 그 사랑은 예수님이 몸소 보여 주셨던 섬김으로 나타납니다. 약한 지체들을 이해하고 도와야 합니다. 서로를 위해 기도하고 격려해야 합니다. 그것이 바로 세상을 향해 보여줄 수 있는 천국의 모습입니다. 성도들은 서로 섬기는 교회를 통해 천국을 볼 수 있어야 하며, 세상 사람들 역시 교회를 통해 하나님의 나라를 볼 수 있어야 합니다.

종 신문의 지면을 메우는 교회와 목회자의 윤리적 타락과 그로 인한 사회적 문제는 우리를 당황케 합니다. 입에 담기조차 어려운 비윤리적 사건들은 세상 사람들의 공격 대상이 되고 있습니다. 키에르케고르는 교회가 고난당하는 예수는 잊어버리고 영광의 예수만 찬미하는 등 본연의 모습을 잃어버리고 있다며 비판했습니다. 그는 개인의 이익과 권력을 위해 교인을 모으려는 성직자들의 이기주의, 교회의 권위는 교인 숫자에 비례한다고 생각하는 비뚤어진 사고방식을 기독교의 세속화라고 지적했습니다.

사실 이러한 교회의 세속화와 종교 지도자들의 타락은 어제 오늘의 일이 아닙니다. 예수님이 살았던 당시의 종교 지도자들도 자신들의 이권을 위해 죄 없는 예수님을 살해하였던 것입니다. 그들이 그처럼 잔혹한 행동을 한 이유는 예수님이 당시의 종교지도자인 제사장들과 바리새인들의 위선을 혹독하게 비판하셨기 때문입니다.

"그러므로 무엇이든지 저희의 말하는 바는 행하고 지키되 저희의 하는 행위는 본받지 말라 저희는 말만 하고 행치 아니하며 또 무거운 짐을 묶어 사람의 어깨에 지우되 자기는 이것을 한 손가락으로도 움직이려 하지 아니하며" (마 23:3-4)

또한 예수님은 종교 지도자들이 하나님의 뜻을 역행하는 삶을 살아가는 것에 대해 신랄하게 비판하셨습니다.

"화있을진저 외식하는 서기관들과 바리새인들이여 너희는 천국 문을 사람들 앞에서 닫고 너희도 들어가지 않고 들어가려 하는 자도 들어가지 못

하게 하는 도다. 화있을 진저 외식하는 서기관들과 바리새인들이여 너희
는 교인 하나를 얻기 위하여 바다와 육지를 두루 다니다가 생기면 너희보
다 배나 더 지옥 자식이 되게 하는도다." (마 23:13, 15)

하나님이 맡겨주신 양을 보호하고 책임져야 할 자들이 오히려 성도들
을 죽이고 잡아먹는 행위를 예수님은 결코 허용하지 않으셨던 것입니
다. 그렇다면 예수님이 다녀가신 이후 세상은 얼마나 달라졌을까요? 예
수님이 오신 지 이천년이 지났지만 아직도 교회의 타락과 세속화는 현재
진행 중입니다. 이처럼 교회가 스스로의 빛과 소금의 역할을 잘 담당하
지 못하고 있는 상황은 참으로 슬픈 현실입니다. 하지만 과도하게 실망
할 필요는 없습니다. 아직도 성도들의 가정과 영혼을 위해 눈물로 기도
하며 헌신하는, 진실하고 정직한 성직자들이 남아 있기 때문입니다.

말도 많고 탈도 많은 교회!! 하지만 교회가 아니라면 우리는 어디에서
복음을 전해 듣고, 예배를 드리며, 어디에서 성도들 간의 화목을 다질 수
있을까요? 교회란 우리 성도들에게 있어서 영혼의 집과 같은 존재입니
다. 따라서 우리에게 이처럼 중요한 역할을 하는 교회에 대해 바르게 이
해할 필요가 있습니다.

교회 바로보기

| | |
|---|---|
| 기능 ——— | 예배, 전도, 성례전, 봉사 |
| 특성 ——— | 하나이고 거룩하고<br>보편적이고 사도적 교회 |
| 본질 ——— | 부활과 성령 |

# 1. 교회의 본질

## (1) 예수님이 친히 교회를 세우셨습니다.

구약에 예언된 메시아인 예수께서 오셨습니다. 하나님께서 기름 부으신 예수 그리스도께서 하나님의 나라를 선포하셨습니다. 그리고 부활하신 후 제자들에게 "가서 모든 족속으로 제자를 삼으라."고 분부하셨습니다. 이스라엘 민족뿐만 아니라 세상의 모든 민족과 백성들을 불러 모아서 하나님 나라의 백성이 되게 하라는 것이 예수께서 제자들에게 주신 사명입니다.

세상 속에서 예수님께 부름을 받은 사람들의 모임이 바로 교회입니다. 루터는 교회를 하나님의 백성, 그리스도의 몸, 성령의 전이라고 불렀습니다. 칼빈은 교회를 하나님에 의해 선택된 무리라고 불렀으며 웨슬리는 성도의 모임이라고 일컬었습니다.

교회는 예수님에 의해 세워졌습니다. 예수께서 십자가에 못 박혀 돌아가신 후 예수님을 따르던 무리들이 다 흩어졌습니다. 그렇게 흩어졌던 자들이 부활하신 예수님의 영광스러운 모습을 보고난 후 계속적인 모임을 갖기 시작했습니다. 부활하신 예수님을 만난 제자들의 놀라움과 감격은 주관적인 상상이나 신념이 아닌 생생한 체험에서 우러나온 것이었습니다. 이러한 체험으로 인한 감격과 감복은 그들로 하여금 죽음을 각오하고서라도 모임을 지속하도록 하였으며, 이러한 모임을 기초로 하여 교회가 형성되었습니다. 그러므로 예수의 부활 사건이 없이는 기독교나 교회의 존재 이유도 사라지게 되겠지요.

교회는 성도들의 모임입니다. 교회는 세상 속에 있는 그리스도의 몸입니다. 그리스도는 그의 몸인 교회를 통치하시는 머리입니다. 각각의 성도는 그 몸의 지체이지요. 예수에 대한 믿음으로 충만했던 초대교회는 사랑과 나눔으로 항상 풍성했습니다. 그들은 빈부격차를 극복했습니다. 그들은 교회를 통하여 유토피아를 경험하였습니다. 교회는 천국의 모습을 보여줄 수 있는 축복의 통로가 되어야한다는 것을 초대교회의 성도들을 보면서 확인할 수 있습니다.

> "저희가 사도의 가르침을 받아 서로 교제하며 떡을 떼며 기도하기를 전혀
> 힘쓰니라. 사람마다 두려워하는데 사도들로 인하여 기사와 표적이 많이
> 나타나니 믿는 사람이 다 함께 있어 모든 물건을 서로 통용하고 또 재산과
> 소유를 팔아 각 사람의 필요를 따라 나눠 주고 날마다 마음을 같이 하여 성
> 전에 모이기를 힘쓰고 집에서 떡을 떼며 기쁨과 순전한 마음으로 음식을
> 먹고 하나님을 찬미하며 또 온 백성에게 칭송을 받으니 주께서 구원받는
> 사람을 날마다 더하게 하시니라." (행 2: 42-47)

## (2) 예수님은 교회의 중심이십니다.

다양한 문화 속에 다양한 배경을 가진 서로 다른 교회들이 존재합니다. 신교와 구교의 예전과 예식이 각각 다르며, 교파마다 예배의 형식이 다릅니다. 목사님마다 신앙의 강조점이 다릅니다. 시대마다 신앙의 스타일이 다릅니다. 성경 본문의 해석도 가지가지입니다. 시대적, 역사적, 문화적 상황에 따라 기독교 신앙이 다양하게 표현될 수 있습니다.

그러나 이러한 교회의 다양성 가운데 통일성이 있습니다. 다양한 교회를 하나의 테두리 안에 묶을 수 있는 것, 그것이 바로 성령입니다. 성

령이 다양한 교회를 하나 되게 하십니다. 하나님도 하나요, 교회도 하나요, 성령도 하나입니다. 성령 안에서 예수 그리스도를 증거하는 교회는 다양하게 흩어져 있는 듯 보이지만 결국은 하나입니다.

성령은 예수 그리스도를 증거하는 영이십니다. 성부 하나님은 성자 예수님을 통해 자신의 사랑을 인류에게 보이셨습니다. 구약의 모든 율법, 역사 그리고 예언의 말씀은 예수 그리스도를 대망하고 있습니다. 신약은 인류를 죄에서 구원하시려고 오신 예수 그리스도와 제자들을 통해 구원 사역을 계속 진행시켜 가시는 성령의 역사입니다. 따라서 성경의 중심, 성경 해석의 중심, 기독교의 중심 모두가 오직 한 분 예수 그리스도입니다.

성도들이 교회에 다니게 된 사연, 교회를 다니는 이유는 다양하다고 볼 수 있습니다. 자신의 죄를 회개하고 구원받기 위해 다니는 사람, 가정의 평안과 화목을 바라며 다니는 사람, 병을 치유하기 위해 다니는 사람, 사업의 번창이나 직장에서의 성공을 기원하러 다니는 사람 등 교회를 섬기는 이유는 성도들의 개성과 경험과 믿음에 따라 천차만별일 것입니다.

이 모든 이유 중 우리가 가장 특별히 중요하게 여겨야 하는 것은 바로 "나를 위하여 돌아가신 예수 그리스도의 대속적인 죽음"을 인정하고 회개하는 것입니다. 즉 예수의 구속사역이 예수의 치유사역, 마귀를 내쫓는 축귀사역, 행함과 봉사, 성령의 예언사역 보다 앞서야 한다는 것입니다. 예수가 교회의 중심에 서지 못하고 부수적인 것들이 교회의 중심을 차지할 때 교회는 균형을 잃고 흔들리기 쉽습니다. 가톨릭이 타락하여 면죄부를 판매하고 교황이나 성자들과 성모 마리아를 숭배했던 것들이 교회가 중심을 잃고 흔들린 아주 좋은 예입니다.

예수 그리스도 사역, 우리의 죄를 위하여 십자가에서 돌아가신 죽음과 부활! 이것이 교회의 중심이며, 교회의 통일성이고, 성경 해석의 원리입니다. 이 원리가 깨어진 교회나 단체를 조심하십시오. 어떤 이단의 교주는 예수님의 영광을 가로채어 자신이 재림 예수라고 주장합니다. 만약 어느 목회자가 신유나 예언이나 축귀사역을 통해 예수가 아닌 자신의 능력을 과시하고 물질을 강조한다면 그는 다분히 위험성이 있는 사역자입니다. 만일 예수 그리스도를 믿는 것과 행함을 조화시키지 않고 지나치게 봉사를 강조하여 신도들로 하여금 가정생활에 소홀하도록 한다면 그것은 문제가 있는 교회입니다.

## 2. 교회의 특성

### (1) 교회는 하나입니다.

교회는 전체교회와 지역교회로 구분될 수 있습니다. 전체교회는 '예수 그리스도를 믿고 따르는 우주적 교회'를 의미합니다. 그러므로 모든 지역교회들은 전체교회의 지체들입니다. 예수님은 모든 족속으로 제자를 삼으라고 명령하셨습니다(마 28:19). 그것도 세상 끝까지 말입니다(마 28:20). 사도행전은 땅 끝까지 이르러 예수의 증인이 되라고 말씀합니다(행 1:8).

그러므로 전체교회는 세계적이며 보편적인 교회입니다. 모든 지역교회들은 예수 그리스도의 복음을 통해 성령으로 하나가 되어야 합니다. 각 교파와 각 교회의 차이를 인정하되 그 이상의 차원에서 전체교회를 중심으로 내적인 일치와 화해를 추구해야 합니다.

### (2) 교회는 거룩합니다.

교회는 세상 안에 있기 때문에 세속적인 면을 가지고 있습니다. 온전하고 완전무결한 사람들이 교회에 다니는 것이 아니라 날마다 죄를 짓는 사람들이 교회에 다닙니다. 어쩌면 교회에 다니면서도 세상 사람들보다 더 많은 죄를 짓는 사람들도 있습니다. 이런 사람들 때문에 교회가 세상 사람들로부터 비난의 대상이 되기도 합니다. 과연 이런 교회를 거룩하다고 할 수 있을까요?

교회가 거룩한 것은 교회를 다니는 성도들이 세상적 윤리에 비추어 보아 고상하고 거룩하기 때문이 아닙니다. 교회가 거룩한 것은 하나님이 거룩하게 여겨주시기 때문입니다. 본래 거룩은 '구별되다' 라는 뜻입니다. 하나님은 세상과 구별되는 거룩하신 분이십니다.

거룩하신 하나님이 세상의 많은 사람들 중에 우리를 부르셨습니다. 하나님이 우리를 부르신 것은 우리가 원래 거룩하기 때문이 아니라 단지 그 분이 우리를 사랑하시기 때문입니다. 하나님의 부름을 받아 세상과 구별된 우리를 거룩하다고 칭해 주시는 것입니다.

성도는 거룩하신 하나님께서 구별하여 선택하신 백성입니다. 교회 또한 선택된 거룩한 백성들이 모이기 때문에 거룩한 곳입니다. 교회의 거룩함은 성도들의 윤리적인 노력에 의해 완성되지 않습니다. 그것은 성도를 부르시어 예수를 믿게 하시고 거룩하다고 여겨주시는 하나님의 은총에 달려있습니다. 그러므로 교회는 죄인들의 모임임과 동시에 용서받은 거룩한 성도들의 모임입니다.

### (3) 교회는 사도적인 사명을 갖습니다.

사도는 예수님의 제자들로서 부활하신 예수님을 직접 만났던 사람들입니다. 예수님은 그들에게 땅 끝까지 이르러 예수의 복음을 증거하며 모든 족속을 예수의 제자로 삼으라고 명령하셨습니다. 이제 세월이 흘러 사도들은 사망하여 이 세상에 없지만 예수님께서 명령하신 사도들의 사명은 여전히 남아 있습니다. 신약성경을 통해 생생하게 전해지는 예수의 십자가와 부활 사건은 모든 믿음의 성도들에게 전해지고 있습니다. 이런 점에서 사도적인 계승은 교회를 통하여 이어지고 있다는 것을 알 수 있습니다. 교회의 모든 성도들은 성서의 증언에 대한 믿음을 가지고 예수의 복음을 땅 끝까지 전해야 합니다. 그것이 예수께서 마지막 우리에게 남기신 '사도적인 사명' 입니다.


## 3. 교회의 기능

### (1) 교회의 구성원인 성도들은 예배를 드립니다.

구약시대에는 동물을 잡아 하나님께 제사를 드렸습니다. 그러나 이제는 구약시대와 같은 동물제사를 드릴 필요가 없습니다. 왜냐하면 예수 그리스도께서 그 자신을 어린양으로 희생하여 산제물이 되셨기 때문입니다. 또한 예수는 영원한 대제사장이 되셨습니다. 그러므로 성도는 예수 그리스도를 믿음으로서 하나님께 거룩한 제사를 드릴 수 있습니다. 우리는 감사와 감격의 예배를 드려야 합니다. 우리의 시간과 물질과 몸과 마음을 드려서 하나님께 예배를 드려야 합니다. 내 모든 것을 온전히 바치는 것이 바로 영적인 예배이며 거룩한 제사입니다.

> "그러므로 형제들아 내가 하나님의 모든 자비하심으로 너희를 권하노니 너희 몸을 하나님이 기뻐하시는 거룩한 산제사로 드리라 이는 너희의 드릴 영적 예배니라." (롬 12:1)

교회의 구성원인 성도들은 예배를 통해 하나님께 직접 나아갑니다. 기독교에서는 하나님과 인간 사이에 중재자를 필요로 하지 않습니다. 예수 그리스도께서 십자가 사건을 통해 직접 희생 제물이 되어 우리와 하나님 사이를 화목하게 하셨기 때문입니다.

이제 모든 성도들은 예수 그리스도를 통해서 하나님께 직접 나아가 회개할 수 있습니다. 가톨릭이 주장하는 성모 마리아도, 교황도, 어떤 성자도 필요하지 않습니다. 오직 예수 그리스도만이 하나님께로 가는 유일한 통로입니다.

> "그러므로 우리가 긍휼하심을 받고 때를 따라 돕는 은혜를 얻기 위하여 은혜의 보좌 앞에 담대히 나아갈 것이니라." (히 4:16)

(2) 교회의 구성원인 성도들은 복음을 전파해야 합니다. (전도와 선교)

교회는 예수님의 지상명령에 순종해야 합니다.

"너희는 가서 모든 족속으로 제자를 삼아 아버지와 아들과 성령의 이름으로 세례를 주고." (마 28:19)

교회의 모든 성도들은 선교와 전도의 임무를 가집니다. 수시로 예수 그리스도의 복음을 전파해야 합니다.

"너는 말씀을 전파하라 때를 얻든지 못 얻든지 항상 힘쓰라." (딤후 4:2)

### (3) 교회는 세례와 성만찬을 수행해야 합니다.

종교개혁 당시 가톨릭교회는 일곱 가지나 되는 성례전을 교회에서 집행하였습니다. 세례성사(세례식), 견진성사(교인입교식), 성체성사(성만찬), 고해성사, 병자성사, 신품성사(성직임명식), 혼인성사(결혼식)가 바로 그것입니다. 교회의 권위를 내세웠던 가톨릭교회는 성경에 나와 있는 것 이외의 다양한 형식과 절차를 중시하였습니다. 그러나 종교개혁자들은 세례와 성만찬만을 성경적인 것으로 받아들였고 교회에서 행해지는 성례전을 간소화하였습니다. 따라서 오늘날 교회의 성직자들은 세례와 성만찬이라는 두 가지의 성례전만을 집행하고 있습니다.

### (4) 교회는 봉사해야 합니다.

봉사의 본래적 뜻은 식사 할 때 시중드는 것을 의미합니다. 교회 안에서 성도들은 서로가 서로를 섬겨야 합니다. 예수님께서 먼저 섬김의 모범을 보여주셨습니다. 예수님은 제자들의 발을 씻겨주셨습니다. 뿐만 아니라 그는 온 인류를 위해 고난을 받으셨고 십자가에서 죽음을 당하셨습니다. 예수님을 따르는 우리도 예수님처럼 섬기는 삶을 살아야 합니다.

> "이에 대야에 물을 담아 제자들의 발을 씻기시고 그 두르신 수건으로 씻기기를 시작하여…내가 주와 또는 선생이 되어 너희 발을 씻겼으니 너희도 서로 발을 씻기는 것이 옳으니라." (요 13:5,14)

## 4. 나의 사랑, 나의 고민인 교회

교회는 이 땅에 존재하는 천국의 모형입니다. 따라서 교회가 자신의 본질을 잃어버린다면 대단히 큰 문제가 아닐 수 없습니다. 하나님보다 세상을 더 사랑하게 되는 것! 이것이 바로 교회의 타락입니다. 타락한 교회는 빛의 역할을 다하지 못합니다. 소금의 맛을 잃어버리게 됩니다. 그러면 결국 세상 사람들은 교회의 타락한 모습을 보고 실망합니다. 교회의 타락해버린 모습 때문에 하나님의 존재를 부정하기까지 합니다.

그러나 우리는 여러 교회의 타락을 보면서 교회의 본질까지도 부정하는 오류를 범하지 말아야 합니다. 종교개혁자 루터에 의하면 성도는 의인이면서 동시에 죄인이고, 죄인이면서 동시에 의인입니다. 성도는 하나님이 그를 세상으로부터 구별하여 거룩하게 여겨주셨기 때문에 거룩한 것입니다. 성도는 예수 그리스도를 믿음으로써 의롭다 함을 얻는 것입니다. 결국 지상에 존재하는 교회는 한계가 있습니다. 우리는 교회가 타락한 세상 속에 있음을 인식해야 합니다. 또한 성도들도 여전히 인간의 죄성을 갖고 있음을 알아야 합니다. 거룩하고 의롭다고 칭함을 받는 성도라도 죄성이 100% 완전하게 없어진 게 아니라는 것입니다.

그러나 예수 그리스도를 닮아가려는 끊임없는 노력을 통해 우리는 교회의 세속화를 막을 수 있습니다.

"베뢰아 사람은 데살로니가에 있는 사람보다 더 신사적이어서 간절한 마음으로 말씀을 받고 이것이 그러한가 하여 날마다 성경을 상고하므로 그 중에 믿는 사람이 많고." (행 17:11-12)

그 때에야 비로소 세상 사람들이 교회를 칭찬하게 되고 전도의 문이 열릴 것입니다.

현실 교회가 타락하는 이유는 영적인 문제로 보아야 합니다. 마귀가 교회의 타락을 유도하고 있습니다. 그 이유는 예수의 복음이 전파되는 것을 마귀가 싫어하기 때문입니다. 불신자들이 예수 그리스도를 믿지 못하도록 온갖 더러운 일들을 교회 안에서 벌입니다. 불신자들이 교회의 문제점을 보고 아예 예수의 복음 자체를 거부하도록 만듭니다.

구원의 역사를 방해하기 위해서 마귀는 때때로 목회자를 타락시켜 자신의 도구로 사용하기도 합니다. 아니면 자신의 사람을 목회자로 만들기도 합니다.

"저런 사람들은 거짓 사도요 궤휼의 역군이니 자기를 그리스도의 사도로 가장하는 자들이니라. 이것이 이상한 일이 아니라 사단도 자기를 광명의 천사로 가장하나니 그러므로 사단의 일군들도 자기를 의의 일군으로 가장하는 것이 또한 큰 일이 아니라 저희의 결국은 그 행위대로 되리라." (고후 11:13-15)

종교지도자들 사이에도 영적인 전쟁이 있습니다. 교회 안에 성령의 일꾼과 사단의 일꾼이 있다는 것입니다. 마귀는 교회를 무너뜨리고 예수의 복음을 막기 위해서 수단과 방법을 가리지 않습니다. 교회에서 재산싸움과 명예싸움을 불러일으킵니다. 목회자와 성도들 사이의 몸싸움이 벌어지기도 합니다. 서로 주먹질하고 피를 흘리기도 합니다.

사단이 이토록 사력을 다해 예수 그리스도의 복음을 훼방하는 것을 뒤집어 생각해보면 결국 예수의 복음이야말로 신실한 진리이기 때문이 아니겠습니까? 소수의 교회와 성직자들의 세속화와 타락을 가지고 "기독교는 가짜다!", "교회는 소망이 없다!", "예수는 믿으나 마나다!", "예수는 없다!"라고 단정을 지어 말하지 마십시오. 마귀의 궤계에 속지 마십시오. 교회 안의 문제는 세상적인 방법으로 결단코 풀리지 않습니다. 교회 문제를 세상적인 방법으로 해결하려고 하면 할수록 마귀의 속임수에 넘어가는 것입니다.

세상적인 해결 방법 대신 우리는 기도로 나아가야 합니다. 예수의 보혈에 의지하여 우리가 먼저 회개해야 합니다. 남을 정죄하고 손가락질하던 손을 모아서 하나님께 기도해야 합니다. 목회자가 성령 충만할 수 있도록, 하나님 앞에 진실하게 바로 설 수 있도록 눈물로 기도해야 합니다. 또한 마귀를 대적할 수 있는 성령의 능력을 소유해야 합니다. 그럴 때 승리는 우리의 것이 될 수 있습니다.

하나님은 한 사람을 찾고 계십니다.

1700-1760년 당시의 영국 국교회는 완전히 무능력하였고 타락하였습

니다. 교회는 형식에 사로잡혀 교인들의 영적 생활에 무관심하였고, 성직자들은 도덕적 타락과 탐욕에 사로잡혀 있었습니다. 영국 국교회의 목사들은 하나님의 영광과 영혼의 구원에는 관심이 없고 단지 물질에만 관심을 가졌습니다. 이러한 영적 지도자들의 타락은 영국을 타락의 길로 이끈 가장 큰 원인이 되었습니다.

이러한 영국교회를 구원한 사람이 있습니다. 그가 바로 요한 웨슬리입니다. 성령의 체험을 통해 예수의 복음을 전하려는 열정에 뜨겁게 타올랐던 웨슬리는 타락하여 소망이 없는 영국사회를 정치적으로, 사회 문화적으로, 종교적으로 구원하였습니다. 교회는 성령이 충만할 때에 예수의 복음으로 뜨겁게 타오를 수 있습니다. 성령으로 충만하게 타올라야 타락한 세상에서 죄에 휩쓸리지 않고 승리할 수 있습니다. 당당하게 빛과 소금의 역할을 감당할 수 있습니다. 그 때에야 비로소 하나님이 교회를 통해 영광을 받으시는 것입니다.

성도들은 교회를 사랑해야 합니다.

육의 눈에 보이지 않는 하나님을 사랑하는 것은 육의 눈으로 볼 수 있는 영적 지도자에 대한 사랑, 성도에 대한 사랑, 교회에 대한 사랑, 나아가 아직 구원받지 못한 세상 사람들에 대한 사랑으로 구체화되어 나타나야 합니다.

어떤 특정한 목회자를 지나치게 존경하여 우상화하는 것은 문제가 있습니다. 하지만 예수 그리스도의 복음을 위해 일생을 바쳐 헌신하는 분들을 하나님이 세우신 지도자로 인정하고 섬기는 것은 꼭 필요합니다.

우리는 교회의 성도들을 사랑해야 합니다. 그 사랑은 예수님이 몸소 보여 주셨던 섬김으로 나타납니다. 약한 지체들을 이해하고 도와야 합니다. 서로를 위해 기도하고 격려해야 합니다. 그것이 바로 세상을 향해 보여줄 수 있는 천국의 모습입니다. 성도들은 서로 섬기는 교회를 통해 천국을 볼 수 있어야 하며, 세상 사람들 역시 교회를 통해 하나님의 나라를 볼 수 있어야 합니다.

또한 우리는 교회를 사랑해야 합니다. 교회를 사랑하는 것은 예배당을 잘 관리하고 봉사하는 것으로도 표현됩니다. 구원 받은 감격과 감사함에서 우러나오는 청소, 설거지, 차량봉사 등은 성도의 기쁨입니다. 작은 일이라고 가볍게 여기지 마십시오. 그 모든 것이 하나님을 향한 여러분들의 사랑의 표현입니다. 이름도 없이 빛도 없이 섬기는 여러분을 하나님께서 매우 기뻐하십니다.

마지막으로 예수 믿는 자들은 세상 사람도 사랑해야 합니다. 하나님을 알지 못하는 영혼을 위해 눈물을 흘리며 기도해야 합니다. 그들에게 더욱 효과적으로 복음을 전하기 위하여 솔선수범하는 자세를 가져야 합니다. 그들이 기뻐할 때 함께 기뻐하고 그들이 슬퍼할 때 함께 슬퍼하면 됩니다. 그리고 그들에게 물질을 투자하십시오. 물질 있는 곳에 마음도 있습니다. 사랑을 표현하십시오. 시간을 투자하십시오. 할 수만 있거든 그들의 외롭고 상한 마음에 직접적인 감동을 주십시오. 그리스도의 감동을 전하십시오. 그들의 필요에 민감하십시오. 말로만 전도하는 시대는 지났습니다. 이제는 말만 잘하고 실천은 하지 않는 기독교인의 이중적인 모습을 버리십시오. 실천으로, 진실함으로 불신자들에게 다가가는 여러분을 통해 예수 그리스도의 복음이 효과적으로 전해질 것입니다.

꼭 기억하십시오. 당신은 예수 그리스도를 담은 그릇이며, 예수 그리스도를 전하는 축복의 통로입니다.

## 토론사항

1. 교회와 예수 그리스도의 관계는 무엇인가?

2. 교회의 본질은 무엇인가?

  1) 교회의 중심

  2) 교회의 하나 됨

  3) 교회의 거룩함

  4) 교회의 사도적인 사명

3. 교회의 기능은 무엇인가?

4. 지상교회의 한계에 대해 말해보라.

5. 지상교회의 타락성에 대해 당신은 어떻게 생각하는가?

6. 교회의 한 지체로서의 성도는 어떠한 태도를 가져야 하는가? 당신 스스
   로를 교회의 오른팔이라고 상상해 보라. 온 몸을 위하여 가장 먼저 무엇
   을 하겠는가? 비난인가 아니면 섬김인가?

Revealing the reality of the Devil.

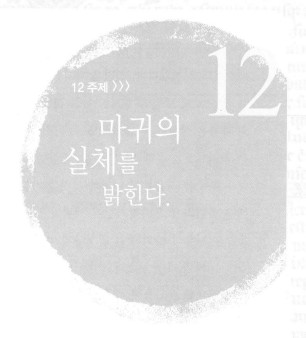

# 마귀의 실체를 밝힌다.

## 12

사실 사람들이 교회에 나오지 못하는 것은 다 이유가 있습니다. 세상에서 역사하는 악한 영들이 사람들을 꽁꽁 묶어두기 때문입니다. 마귀는 돈, 직장, 사업, 친척, 인간관계 등 다양한 채널을 가지고 매순간 아주 적절한 도구를 사용할 수 있습니다. 마귀는 우리가 언제 어디서 무엇에 약한지를 너무나 잘 알고 있습니다. 그래서 우리가 마귀의 쇠사슬을 풀고 예수 그리스도를 믿는다는 것은 정말 놀라운 일입니다. 예수를 믿는 것은 기적 중의 기적입니다. 우리에게 베푸시는 하나님의 한없는 은총입니다.

## 1. 인간은 마귀에게 완전히 속았습니다.

바야흐로 우리는 21세기에 살고 있습니다. 21세기는 가치관의 혼란과 무질서의 시기입니다. 인간은 과학을 절대적으로 의존하며 살아왔습니다. 앞으로도 또한 그렇게 살아갈 것입니다. 생물학, 물리학, 천문학 등의 과학은 상상할 수 없을 정도로 최첨단을 걷고 있습니다. 유전자공학은 줄기세포를 통해 인간의 생명연장을 시도하고 있습니다. 천체 물리학은 우주를 자유롭게 여행하는 것을 가능케 했습니다. 이제 2020년도에는 달나라에 우주정거장이 세워질 것입니다. 또한 컴퓨터와 로봇의 등장은 인류의 삶의 질을 엄청나게 바꾸어 놓고 있습니다. 최첨단의 과학 덕분에 우리는 초스피드의 시대 속에 살고 있습니다. 우리는 엄청난 양의 정보를 순식간에 세계 곳곳에 보낼 수 있습니다. 심지어 화성과 목성에서 무인우주비행선이 컴퓨터로 그곳에 관한 많은 정보를 지구에 보내오고 있습니다. 정말로 놀라운 세상입니다.

그러나 과학의 발전 뒤에 병들어가고 있는 지구가 보입니다. 우리를 행복하게 만들어주겠다는 과학의 약속은 거짓이었습니다. 인간이 과학에 속았습니다. 이제야 비로소 사람들은 깨닫습니다. 과학이 결코 이 세상을 파라다이스로 만들 수 없음을 알았습니다. 이 세상과 미래에 대한 인간의 희망은 사라져가고 있습니다. 오히려 사람들은 과학으로 인해 절망감과 불안감에 휩싸여 있습니다. 핵전쟁의 위협과 환경파괴는 우리에게 자연스런 종말의식을 가져다주기까지 합니다. 몇몇 지역은 물이 오염되어 석유 값보다도 더 비싸게 물을 사먹고 있습니다. 좋은 공기를 얻기 위해 공기 청정기를 사용합니다. 여름에는 오존층의 파괴로 인한 자외선을 막기 위해 선크림을 사용합니다. 지구 온난화 현상이 일어나

지구의 남극과 북극의 빙하가 녹고 있습니다. 지구 곳곳에 지진과 해일과 같은 재난이 일어나고 있습니다. 사스와 조류독감 등의 갖가지 전염병들이 나돌고 있습니다.

과학으로 인해 점점 파괴되고 있는 지구를 보면서 과학자들은 어떤 대책을 세우고 있을까요? 그들은 또다시 과학을 선택했습니다. 그들은 사람이 살 수 있는 또 다른 행성, 즉 지구와 같은 녹색별을 찾고 있습니다. 화성과 목성 등에 우주비행 탐사를 보내어 그 가능성을 알아보고 있습니다. 과학은 지구를 버리겠다는 것입니다. 과학을 절대 의존하고 있는 다수의 사람들을 버리겠다는 것입니다. 왜냐하면 새로이 발견되는 행성에는 돈 있는 극소수의 사람만이 갈 수 있기 때문입니다.

이 모든 비극의 원인은 과학입니다. 그런데 그 과학의 이면에는 비뚤어진 인간이 있습니다. 결국 인간이 문제입니다. 사람들은 하나님이 눈에 보이지 않는다고 하나님을 무시하며 부인해왔습니다. 더 나아가 세상을 절대적으로 의지하고 인간을 우상으로 만들었습니다. 과학이, 진화론이, 생명공학이 우상이 되었습니다. 나폴레옹, 히틀러, 마르크스 등이 우상이 되었으며, 현대 젊은이들에게는 인기 가수나 배우가 절대적인 우상입니다. 더 나아가 물질과 돈, 부동산, 좋은 자동차가 우상이 된 지 오래입니다. 즉 과학만능주의, 황금만능주의, 인간중심주의, 나찌즘, 공산주의, 진화론 등 타락한 인간의 신념들이 문제입니다.

죄로 인해 타락한 인간의 본성은 하나님을 대체할 수 있는 우상을 필요로 하는 것 같습니다. 이것은 하나님을 볼 수 있는 인간의 영혼이 죽어

있다는 증거이며, 그들의 눈이 멀었다는 증거입니다. 인간은 영의 세계를 바라보지 못하고 매일같이 마귀에게 속고 있습니다. 마귀는 인간을 속이는 자이며 사기꾼입니다.

> "너희는 너희 아비 마귀에게서 났으니 너희 아비의 욕심을 너희도 행하고자 하느니라. 저는 처음부터 살인한 자요 진리가 그 속에 없으므로 진리에 서지 못하고 거짓을 말할 때마다 제 것으로 말하나니 이는 저가 거짓말쟁이요, 거짓의 아비가 되었음이니라." (요 8:44)

마귀는 인간들의 시선을 세상과 물질에 집중시켜 그들로 하여금 하나님으로부터 멀어지게 합니다. 우리에게 헛된 꿈과 망상을 심어줍니다. 그러나 우리는 마귀가 주는 비전이 신기루일 뿐이라는 사실을 명심해야 합니다.

## 2. 과학만능주의, 공산주의, 진화론, 독일민족주의 등은 마귀의 속임수였습니다.

17세기에서 20세기까지 인류는 과학이 주는 엄청난 기적을 체험했습니다. 사람들은 오직 과학만이 이 땅 위에 유토피아를 만들 수 있을 것이라고 믿었습니다. 인간의 능력이 이것을 가능케 할 것이라고 믿었습니다. 그러나 이것은 마귀의 엄청난 속임수였습니다. 과학의 발전은 결국 인류에게 제1, 2차 세계대전이라는 비극을 가져다주었습니다. 사람들은 전쟁을 경험한 후에 더 이상 이 세상이 천국으로 변할 것이라고 생각하지 않았습니다. 인간을 더 이상 신뢰하지 않게 되었습니다.

지난 100년 동안 지구의 3분의 1을 피로 붉게 물들인 공산주의도 인간들의 헛된 망상이었습니다. 인간들은 서로 힘을 합쳐 함께 일하고 서로 공평하게 나누어 먹고 살 수 있는 행복한 세상을 기대했습니다. 그러나 이러한 기대는 이제 우리로부터 영원히 멀어져가고 있습니다. 공산주의는 하나님의 존재를 부정했습니다. 사후의 세계와 영적인 세계를 부인하며 오직 물질만을 우상화하였습니다. 마귀의 속임수에 속은 것입니다.

지난 200년 동안 진화론은 센세이션을 불러일으켰습니다. 진화론이 과학의 정설로 받아들여지면서 성경이 말하는 창조론은 우습게 여겨졌습니다. 그러나 이제는 창조론을 믿는 과학자들에 의해 진화론의 허구성이 속속들이 드러나고 있습니다. 1장에서 이미 살펴본 것처럼 진화론은 과학적인 이론이기 전에 무신론의 신앙에 기초한 것입니다. 진화론은 세상의 기원은 우연이라는 신앙으로부터 출발했습니다. 이것이 마귀의 속임수입니다. 진화론은 과학적 이론이라기보다는 하나님을 부인하는 철학입니다. 모든 것이 아무런 목적이나 계획이 없이 우연히 발생했다고 믿는 무신론적 과학입니다.

히틀러의 독일 민족주의도 세상에 광란을 일으켰습니다. 독일 사람들에게 게르만 민족 우월주의를 부추겨 유대인들을 학살했습니다. 히틀러는 유대인들을 생체 실험의 도구로 사용했습니다. 아우슈비츠 등 여러 수용소의 가스실에서 600만 명의 유대인들을 죽였습니다. 마귀는 히틀러라는 한 사람을 선택해서 독일 민족주의 광풍을 불러일으켰습니다. 인간은 정말 마귀의 궤계에 완전히 속았습니다.

### 3. 물질만능주의와 현대의 세상 문화 역시 마귀의 속임수입니다.

지금 현대인들에게 가장 무서운 병은 물질만능주의입니다. 돈이 현대인들에게 우상이 되었습니다. 돈으로 무슨 일이든 할 수 있다고 믿습니다. 돈이 되는 일이면 무엇이든 하려고 합니다. 사람들은 돈으로 사람들의 목숨을 사고팝니다. 현대인들에게 가장 영향력이 있는 돈이 마귀의 도구로 유용하게 사용됩니다. 우리는 돈의 유용성은 인정해야 하지만, 절대 돈을 우상화해서는 안됩니다.

미국의 주식투자의 큰 손으로 불리는 조지 소로스가 돈에 대해 이렇게 말했습니다.

> "돈으로 무엇이든 할 수 있습니다. 돈은 참으로 편리하고 유용한 것입니다. 돈으로 좋은 자동차를 살 수 있습니다. 돈으로 좋은 침대를 살 수 있습니다. 그러나 돈으로 살 수 없는 것이 있습니다. 그것은 바로 단잠입니다."

한 번에 엄청나게 많은 돈을 벌어들이는 조지 소로스도 돈으로 살 수 없는 것이 있었습니다. 그는 많은 돈을 벌 수 있었을지는 몰라도 그 과정에서 느끼는 스트레스와 압박감과 불안감은 극복할 수 없었나 봅니다. 물질만을 추구하는 현대인들에게는 단잠이 없습니다. 평안함이 없습니다.

단잠은 하나님이 주시는 것입니다.
"여호와께서 그 사랑하시는 자에게는 잠을 주시는 도다"(시 127:2).

단잠을 잘 수 있는 진정한 평안은 하나님으로부터 옵니다. 그러나 마귀는 현대인들에게 단잠도 돈으로 살 수 있다고 속입니다. 비싼 침대를 사면 단잠을 잘 수 있는 것처럼 인간을 속이고 있습니다. 진정한 행복과 만족도 돈으로 살 수 있다고 속입니다.

그러나 우리는 이러한 마귀의 속임수가 거짓임을 당장에 알 수 있습니다. 물질이 많다고 해서 사람들이 꼭 행복한 것은 아닙니다. 부유한 나라의 높은 자살률, 거대기업 회장들의 자살, 인기 연예인들의 마약 중독과 자살, 로또 당첨자들이 패가망신한다는 통계 등은 이러한 사실을 증명하고 있습니다.

또한 사단은 세상 문화를 통해 역사합니다. 세상의 문화는 하나님을 거역하는 불순종의 문화입니다.

> "그 때에 너희가 그 가운데서 행하여 이 세상 풍속을 좇고 공중의 권세 잡은 자를 따랐으니 곧 지금 불순종의 아들들 가운데서 역사하는 영이라."
> (엡 2:2)

세상의 음주문화, 음란문화의 배후에는 마귀가 있습니다. 술과 섹스는 마귀의 유용한 도구입니다. 술은 사람들의 마음을 편안하게 해줍니다. 처음 만난 사람도 서로 한 잔을 기울이고 나면 10년 친구처럼 느껴집니다. 처음 만난 남녀가 술을 마시게 되면 부끄러움과 조심성이 사라집니다. 마귀는 사람들로 하여금 세상이 주는 쾌락을 더 사랑하게 하여 하나님을 거역하게 합니다.

마귀는 점점 밤의 문화로 사람들을 이끕니다. 24시간 문을 여는 쇼핑몰부터 심야 영화관에 몰려드는 사람들로 북새통을 이루는 것은 이제 놀라운 일이 아닙니다. 토요일에 즐기는 스포츠 모임과 그 후에 이어지는 술 파티는 사람들에게 있어 놓치고 싶지 않은 짜릿한 즐거움입니다. 또한 일주일에 한번 쉬는 일요일 아침에 주어지는 달콤한 늦잠은 빼놓을 수 없는 기쁨이지요. 일요일 오후는 가족과 함께 놀러 가거나, 등산을 하거나, 친구들과 함께 낚시를 하러 갑니다. 문화가 주는 사단의 유혹은 이렇게 달콤합니다. 사람들은 당장 눈에 보이는 편안함과 즐거움을 스스로 포기할 수 없습니다. 이러한 상황에서 일요일 아침에 교회에 나간다는 것은 정말 쉽지 않은 일입니다.

그러나 모든 사람들 안에는 '종교성' 이 있습니다.

"하나님이 모든 것을 지으시되 때를 따라 아름답게 하셨고 또 사람에게 영원을 사모하는 마음을 주셨느니라."(전 3:11)

사람에게는 '영원을 사모하는 마음', 즉 '종교의 씨앗' 이 있어 무엇인가에 의지하고 경배하고 싶은 마음이 있습니다. 아무리 사랑하는 가족이 있고 든든한 직업이 있어도 마음 한 구석에 빈 곳이 남아 있습니다. 그 공간은 세상의 쾌락으로 결코 채울 수 없습니다. 그러나 마귀는 위에서 설명한 세상의 온갖 쾌락으로 그 마음을 채울 수 있다고 사람들을 속입니다.

성경은 가르칩니다.

"우리의 만족은 오직 하나님께로서 났느니라."(고후 3:5)

진정한 행복과 안식은 하나님으로부터 옵니다. '영원을 사모하는 마음' 의 공간은 오직 하나님으로만 채울 수 있습니다. 우리는 영의 눈을 떠서 마귀의 속임수와 궤계를 보고 능히 그것을 물리쳐야 합니다. 예수님이 이 땅에 오신 목적도 마귀를 물리치기 위해서였습니다.

> "하나님의 아들이 나타나신 것은 마귀의 일을 멸하려 하심이니라."
> (요일 3:8)

### 4. 마귀가 가장 싫어하는 것은 우리가 예수님을 믿는 것입니다.

예수님을 믿으려고 마음을 먹는 자들이 체험하게 되는 유사한 사건들이 있습니다. 예수님을 믿는 것을 가장 싫어하는 마귀가 그들 앞에 덫을 놓습니다. 전도를 받아 이제 결단을 하고 교회에 가려고 하는데, 일요일 아침에 교회에 가는 것을 방해하는 뜻밖의 놀라운 사건들이 발생합니다. 아니면 토요일 저녁에 어처구니없는 사건이 벌어집니다.

필자의 교회에 나오는 여 집사님의 이야기입니다. 원래 불교신자였는데 기독교로 개종하길 원했습니다. 2003년 4월 중순이었습니다. 그 가정에 첫 심방을 가기로 약속했습니다.

오후 4시로 약속을 잡았는데 당일 오전 11시쯤 그 집사를 소개한 친구 집사님에게서 전화가 왔습니다. "목사님! 오늘 그 집에 심방을 못 갈 것 같아요. 아이들 둘이 갑자기 아프데요. 유치원에도 못 갔데요. 병원에 다녀왔는데 장염증세가 있어 탈수가 심하니까 의사가 오후 4시에 입원시키라고 말했다고 하네요." 정말 어처구니없는 일이 일어난 것입니다. 저와 아내는 이것이 마귀의 장난임을 알아챘습니다. 함께 기도로 마귀를 대적하고 오후 2시로 시간을 변경하여 심방을 했습니다. 그 집에서 찬송하고 기도하며 하나님의 말씀을 담대히 선포했습니다. 그랬더니 신기한 일이 벌어졌습니다. 장염에 걸려 아프다던 아이가 배가 고프다고 하더니 우유에 밥을 말아 먹는 것입니다. 할렐루야!

예수를 믿고자 결심한 불신자에게는 이러한 마귀의 훼방이 곧잘 일어납니다. 정말 어이없고 어처구니없는 일들이 벌어집니다. 갑자기 사업이 잘 돼서 토요일에도 야근을 해야만 하는 일이 벌어집니다. 일요일 아침에 사랑하는 딸이 복통을 일으킵니다. 마귀는 토요일 늦은 밤에 여러분의 절친한 친구 부부를 보내 당신 집에서 부부싸움을 하게 만듭니다. 서로가 이혼한다고 합니다. 당신은 밤새 싸움을 말리다가 새벽에야 늦게 잠이 들어 일요일 아침에 일어나지 못합니다. 이것들이 바로 마귀가 주는 기적(?)이지요.

사실 사람들이 교회에 나오지 못하는 것은 다 이유가 있습니다. 세상에서 역사하는 악한 영들이 사람들을 꽁꽁 묶어두기 때문입니다. 마귀는 돈, 건강, 직장, 사업, 친척, 인간관계 등 다양한 메뉴를 가지고 있다가 결정적인 순간에 가장 훼방 놓기에 적합한 메뉴를 선택합니다. 마귀는 우리가 언제 어디서 무엇에 약한지를 너무나 잘 알고 있습니다. 그래서 우리가 마귀의 쇠사슬을 풀고 예수 그리스도를 믿는다는 것은 정말 놀라운 일입니다. 예수를 믿는 것은 기적 중의 기적입니다. 우리에게 베푸시는 하나님의 한없는 은총입니다.

## 5. 예수 그리스도의 이름으로 마귀는 물러갑니다.

마귀는 거짓말쟁이입니다. 마귀의 궤계 역시 위장술에 불과합니다.

마귀의 권세는 이미 예수님의 부활과 함께 무너졌습니다. 이 사실을 믿지 못하도록 사람을 속이는 것이 마귀이지요. 이제는 예수 그리스도의 이름으로 마귀의 유혹을 물리치십시오. 그리고 예수님의 보혈의 능력과 하나님의 말씀으로 전신갑주를 입으시기 바랍니다.

> "악마의 간계에 맞설 수 있도록, 하나님이 주시는 온몸을 덮는 갑옷을 입으십시오. 우리의 싸움은 인간을 적대자로 상대하는 것이 아니라, 통치자들과 권세자들과 이 어두운 세계의 지배자들과 하늘에 있는 악한 영들을 상대로 하는 것입니다. 그러므로 하나님이 주시는 무기로 완전히 무장하십시오. 그래야만 여러분이 이 악한 시대에 적대자들에 대항할 수 있으며 마귀와의 싸움을 끝낸 뒤에 하나님의 사람으로 살아남을 수 있을 것입니다. 그러므로 여러분은 진리의 허리띠로 허리를 동이고 정의의 가슴막이(의의 흉배)로 가슴을 가리고 버티어 서십시오. 발에는 평화의 복음을 전할 채비를 하십시오. 이 모든 것에 더하여 믿음의 방패를 손에 드십시오. 그것으로써 여러분은 악한 자가 쏘는 모든 불화살을 막아 꺼버릴 수 있을 것입니다. 그리고 구원의 투구를 받고 성령의 검 곧 하나님의 말씀을 받으십시오. 온갖 기도와 간구로 언제나 성령 안에서 기도하십시오. 이것을 위하여 늘 깨어서 끝까지 참으면서 모든 성도를 위하여 간구하십시오. 또 나를 위하여 기도하기를, 내가 입을 열 때에, 하나님께서 말씀을 주셔서 담대하게 복음의 비밀을 알릴 수 있게 해 달라고 하십시오." (표준새번역, 엡 6:11-19)

예수 그리스도를 믿는 믿음은 방패와 같습니다. 마귀의 불화살도 여러분의 영혼을 상하게 하지 못합니다.

> "이 후로는 누구든지 나를 괴롭게 말라 내가 내 몸에 예수의 흔적을 가졌노라." (갈 6:17)

예수 그리스도의 이름에 마귀를 대적할 수 있는 능력이 있습니다. 예수님의 보혈이 우리를 죄에서 자유하게 하며, 마귀의 속박에서 우리를 해방합니다. 그래서 예수 그리스도의 복음은 평안의 복음입니다. 두려움과 불안이 우리를 얽어매지 못하도록 우리를 돕습니다.

예수 그리스도를 믿는 자에게는 성령이 오십니다. 성령이 오시면 이전까지 우리를 채우고 있던 악한 영은 떠나가게 되며, 그 대신 성령이 우리 안에 충만하게 되는 것입니다. 성도는 성령의 검을 받아 사용해야 합니다. 성령의 검은 하나님의 말씀입니다. 성령은 하나님의 말씀을 통해 우리에게 말씀하십니다. 따라서 성도는 매일 기도와 말씀 속에서 성령의 음성에 귀를 기울여야 합니다. 성령의 음성을 들을 수 있어야 합니다. 그때에 성도의 영혼이 살아납니다. 영양을 공급받습니다. 마귀의 유혹과 속임수를 즉시 알아채고 단호하게 잘라버릴 수 있습니다. 우리의 귀에 대고 항상 속삭이는 마귀의 거짓말을 성령의 검, 즉 하나님의 말씀으로 물리칠 수 있습니다.

## 6. 마귀의 침입을 막기 위해서는 깨어있어 기도해야 합니다.

우리는 잠자고 있는 우리의 영혼을 흔들어 깨워야 합니다. 기도를 통해 항상 깨어 있어야 합니다. 매일매일 영혼의 상태를 점검해야 합니다. 기도는 하나님께 우리의 시간을 드리는 행위입니다. 매일 시간을 정해놓고 기도하며 하나님의 말씀을 읽어야 합니다. 하나님께 시간을 선별하여 그 일부를 드리는 자만이 그 영혼의 깨어있음을 유지할 수 있습니다.

그런데 기도하고 싶은, 성경을 읽고 싶은 마음이 생기지 않을 때가 있습니다. 우리는 이러한 현상을 '시험에 들었다'고 말합니다. 이런 때가 오면 결코 주저앉지 마십시오. 내 영혼을 사냥하려고 올무를 던진 마귀의 시험에 속지 마십시오. 이 시험은 누구나 겪는 일이며 누구나 극복해야 하는 일입니다. 여러분! 먼저 공(公) 예배에 잘 참석하십시오. 그리고 믿음이 좋은 사람에게 자신이 시험에 든 사실을 알려서 기도의 도움을 요청하십시오. 때로는 상담을 통해 왜 마음이 눌리고 기도하고 싶지 않은지를 정확하게 진단하며 풀어가야 합니다. 또한 좋은 신앙서적을 꾸준히 읽으십시오. 그러면 여러분은 마귀의 속임수를 즉시 알아채고 말씀과 기도로 승리할 수 있을 것입니다.

병원에서 의사의 처방을 받기 전에 진단을 받는 것이 우선이듯, 우리의 신앙생활도 마찬가지로 왜 시험에 들었고, 어떤 점 때문에 신앙생활에 위기가 온 것인가를 정확하게 판단하는 일이 중요합니다. 시험에 들었을 때, 언제 어디서 어떻게 왜 마귀가 침입하여 내 영혼을 낙심하게 하고, 깨어 있지 못하고 잠자게 했는지를 파악해야 합니다. 즉 문제의 원인에 대해 정확하게 진단을 해야만 해결점을 찾을 수 있다는 것입니다.

따라서 우리는 좋은 믿음의 친구들과 상담자들을 두어야 합니다. 건강한 내 영혼의 상태를 유지하기 위해 건강한 기운이 넘치는 교회 안에 거하는 것이 좋습니다. 왜냐하면 신앙생활은 혼자서 하는 것이 아니기 때문입니다. 하나님께서는 나 스스로 일어설 수 없을 때 서로 돕고 위로하며 격려할 수 있는 믿음의 사람들을 예비해 두셨습니다. 이것도 하나님의 귀한 축복이지요.

따라서 건강한 우리의 영혼을 유지하기 위해, 온전한 하나님의 축복을 누리기 위해 우리는 마귀가 침입하지 않도록 늘 깨어 있어야 합니다. 마귀의 침입 자체를 방어하는 것이 가장 좋은 방법이지요. 성경은 "마귀로 틈을 타지 못하게 하라." (엡 4:27) 고 말씀하고 있습니다. 그러나 인간은 연약한 존재이기에 때로 마귀의 침입을 받을 수도 있습니다. 그 때는 절대 두려워하지 말고 예수 그리스도의 이름으로 담대하게 물리치십시오. 하나님께서 여러분의 영혼을 자유하게 하실 것입니다.

### 7. 하나님의 축복은 마귀가 주는 축복과는 전혀 다릅니다.

예수님을 믿지 않는 사람들이 더 잘 되고 형통하는 것을 보면서 하나님을 원망하고 불평해 본 적이 없으십니까? 아마 수 없이 많을 것입니다. 정말 이해할 수 없는 현상이지요. 불공평한 세상의 모습 앞에 성도들은 때로 힘을 잃습니다. 하나님의 뜻대로 사는 자들이 더 잘 되어야 할 텐데, 그렇지 않은 것은 어떤 이유에서 일까요? 이것도 마귀의 궤계이며 술수일까요?

여러분! 식용돼지는 단지 6개월 동안 시한부의 삶을 삽니다. 주인은 6개월 동안 돼지가 먹고 싶은 만큼 실컷 먹입니다. 잠자리를 어둡게 하여 잠자고 싶은 대로 실컷 자게 합니다. 그러나 6개월이 지나 몸무게가 90kg이 되면 주인은 돼지를 어디론가 팔아 버립니다. 결국 식용돼지는 비참한 최후를 맞이하게 되지요.

바로 이것이 마귀의 전략입니다. 마귀는 사람들이 넓은 길, 편한 길,

쉬운 길로 가도록 유도합니다. 인간에게 적당한 돈과 명예도 줍니다. 몇몇은 대박도 터지고 복권도 당첨됩니다. 사람들이 세상 쾌락을 즐기며 살도록 달콤한 미끼를 제공합니다. 그러나 그 길은 멸망의 길입니다. 결국 멸망으로 인도하는 마귀의 축복의 결과는 정말 쓰디씁니다. 돌이킬 수 없는 비참한 최후가 넓은 길 끝에 기다리고 있습니다.

하나님의 축복은 마귀의 축복과 정반대입니다. 시작과 중간은 정말 견디기 힘든 훈련입니다. 때로는 물질적인 어려움이 있습니다. 오해도 받습니다. 왕따도 당합니다. 사업의 실패도 경험합니다. 병이 들어 다 죽어가는 상황도 경험합니다. 그러면서 인간은 세상을 의지하지 않게 됩니다. 오직 하나님만을 구하고 찾게 됩니다. 마침내 하나님께서는 하나님을 의지하고 신뢰하는 자들에게 세상의 어떤 것으로도 바꿀 수 없는 축복을 내려 주십니다. 훈련을 통과한 자들에게 갑작스런 반전의 때가 오는 것이지요. '축복' 때문에 교만해져서 하나님을 버리는 것이 아니라, 오히려 그 축복을 하나님의 영광을 위한 도구로 사용할 줄 아는 성도를 위해 하나님은 '훈련'이란 통과의례를 거치게 하시는 것입니다.

여러분! 세상에서 성공하는 것은 그리 쉬운 일이 아닙니다. 그러나 그보다 더 어려운 것이 바로 성공을 지키는 것입니다. 마귀가 가져다주는 갑작스런 재물과 성공은 축복이 아니라 재앙입니다. 복권에 당첨된 가정이 이전보다 더 행복하고 화목하게 살아간다는 뉴스를 들어본 적이 있습니까? 통계적으로 보았을 때 복권에 당첨된 사람들의 대부분은 이혼을 경험합니다. 몇몇은 술주정뱅이나 마약중독자가 됩니다. 그렇게 원하던 돈은 가졌는데, 그 돈을 제대로 활용하여 행복을 찾을 만큼 우리의 인격은 충분히 성숙되어 있지 못합니다.

　하나님은 항상 우리의 형편에 맞는 축복을 주십니다. 하나님의 축복은 '맞춤형 서비스'이지요. 우리가 예수 그리스도의 복음을 위해 살면 하나님은 우리의 필요를 다 채워주십니다. 우선순위를 분명히 해야 합니다. 우리의 선택 사항 1번은 세상이 아니라 하나님입니다. 오직 예수를 위해 살면서 하나님이 허락하시는 진정한 축복을 누리시길 바랍니다.

　"너희는 먼저 그의 나라와 그의 의를 구하라 그리하면 이 모든 것을 너희에게 더하시리라." (마 6:33)

1. 지구는 병들어가고 있다. 당신이 느끼는 지구의 환경은 어떠한가?

2. 지구가 병들게 된 것은 인간들의 헛된 꿈 때문이다. 과학만능주의나 공산주의 사상에 입각한 지상 유토피아사상이 바로 그것이다. 인간들은 왜 이러한 헛된 망상과 꿈을 가지게 되었는가? 인간에게 도대체 무엇이 문제인가?

3. 마귀는 속이는 자다. 마귀가 지금까지 인류를 속여 하나님을 떠나게 한 경우들을 설명해보자.

  1) 과학만능주의

  2) 독일 민족주의 (히틀러)

3) 공산주의

4) 진화론

4. 현대인들의 가장 큰 질병은 물질만능주의이다. 물질만능주의의 문제점
   은 무엇인가?

5. 지금 세상문화는 하나님께 불순종하는 문화다. 왜 그러하며 하나님께
   불순종하는 세상 문화의 특징은 무엇인가.

6. 마귀는 세상을 통해 무엇을 하려고 하는가?

   마귀가 세상에서 가장 싫어하는 것은 무엇인가?

7. 우리가 어떻게 마귀의 속임수를 물리칠 수 있을까?

8. 하나님이 주시는 축복과 마귀는 주는 축복의 차이점은 무엇일까?

Is Christianity a philosophical religion?

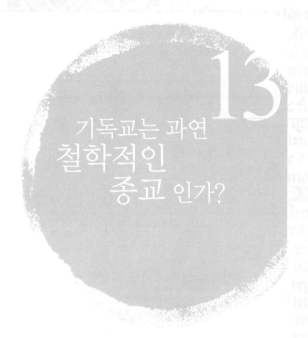

# 13

## 기독교는 과연 철학적인 종교 인가?

철학은 절대자에 대해 묻습니다. 종교에 대해 묻습니다. 인생의 의미에 대해 묻습니다. 그러나 철학의 결론은 '모른다.' 입니다. 현대철학의 거장 칸트는 인간은 하나님의 존재에 대하여 알 수 없다는 결론을 내렸습니다. 또한 인간은 영원세계에 대해서도 알 수 없다고 주장하였습니다. 인간은 합리적인 사고를 통해 하나님에 관하여 그리고 사후세계에 관하여 묻지만 그 해답을 찾지 못합니다.

## 1. 철학이란 무엇인가?

철학의 대가 소크라테스는 죽으면서 이렇게 고백했습니다.

"내가 그렇게 진리를 찾아다녔지만 아직도 참 진리가 어디에 있는지 모른다. 최고의 선을 찾을 수 있었다면 얼마나 좋았을까? 결국 아무 것도 찾지 못하고 이렇게 죽는구나!"

소크라테스와 같은 현인이 진리를 찾지 못하고 이런 고백을 하다니 정말 진리를 찾는다는 것이 쉬운 일은 아닌 듯 싶습니다.

철학은 감각이 아닌 이성을 통해 진리를 탐구하는 것입니다. 이성은 인간의 합리적인 생각이며 합리적인 사고구조입니다. 인간은 이성을 통해서 자연과 만물을 관찰하고, 절대자와 종교에 관하여, 죽음과 사후세계와 같은 추상적인 내용에 관한 합리적이며 체계적인 생각을 발전시킬 수 있습니다.

현대철학의 아버지 데카르트는 "나는 생각한다. 고로 존재한다."라는 유명한 말을 남겼습니다. 인간은 합리적이고 논리적으로 생각할 수 있기 때문에 이성적인 존재입니다.

그렇다면 합리적이란 말의 뜻은 무엇일까요? 그것은 당연한 이치를 의미합니다. 자연세계 속에서 당연한 이치는 바로 자연적인 것입니다. 동양철학적 관점으로 보면, '자연(自然)'이란 물이 흐르듯 스스로 그러한 것을 의미합니다. 쉽게 말해, 봄이 가면 여름이 오고, 여름이 가면 가을이 오는 것이 당연한 자연의 이치이며 도리입니다. 그리하여 합리적인 것은 자연과학적인 질서를 따르는 것이라고 할 수 있습니다. 결국 철학이란 합리적인 사고, 과학적인 사유 구조로 세상을 파악하는 방법이라고 할 수 있겠습니다.

그러나 철학에는 문제점이 있습니다. 그것은 철학이 추상적인 이론이라는 것입니다. 그래서 우리는 철학을 형이상학이라고 부릅니다. 철학은 개인의 상상력에 의존하기 때문에 매우 주관적입니다. 그래서 모든 철학자들은 각자가 다른 철학을 가질 수밖에 없습니다. 고로 철학에는 어떠한 정답이나 모범답안이 있을 수 없습니다. 더구나 적지 않은 철학자들이 인간 현실과 동떨어진 철학을 전개합니다. 그러다 보니 평범한 사람들은 이해하기 어려운 난해한 철학이 되어버립니다. 이런 측면에서 대중들은 철학을 말장난이라며 비난하기도 합니다.[17]

## 2. 과학과 철학의 관계는 무엇인가?

과학자들은 자연을 재료로 과학을 탐구하며, 철학자들은 과학을 재료로 삼아 철학을 발전시킵니다. 따라서 자연과학적인 지식이 바뀌면 철학적인 지식도 바뀌게 되어 있습니다. 결국 철학은 과학에 의존할 수 밖에 없습니다.

과학으로 보는 자연은 매우 오묘합니다. 인간은 이성을 통해 자연의 신비를 과학적 원리나 법칙으로 설명하려고 시도합니다. 그러나 문제는 자연에 대한 인간의 관찰력에 한계가 있다는 것입니다. 영원한 진리라 여기던 과학적 법칙이나 원리가 새롭게 발견되는 또 다른 법칙에 의해 수정되고 부정되어지고 있습니다. 이것이 바로 과학적 지식의 한계성입니다.

철학은 과학이 발견한 내용을 재료로 삼아, 인간의 이성적인 상상력을 통해 자연의 원리, 인생의 의미, 죽음의 의미, 영생의 의미, 나아가 하나님의 존재 등에 관한 문제들을 논리적으로 추론하는 것입니다.

## 3. 종교가 배제된 현대 철학

철학은 절대자에 대해, 인생의 의미에 대해, 죽음에 대해 질문합니다. 그러나 철학의 결론은 '모른다' 입니다. 현대철학의 거장 칸트는 인간은 하나님의 존재에 대하여 알 수 없다는 결론을 내렸습니다. 또한 인간은 영원의 세계에 대해서도 알 수 없다고 주장하였습니다. 인간은 인간이 할 수 있는 최고의 인식 수준인 합리적인 사고를 통해 하나님에 관하여 또는 사후세계에 관하여 묻지만 결국 그 해답을 찾지 못합니다. 결국 소크라테스의 비참한 고백, "나는 진리를 찾지 못하고 이렇게 죽는구나!"가 현대철학의 고백이 되고 말았습니다.

인간의 이성으로 파악할 수 없는 하나님은 결국 존재하지 않는 것으로 간주되었고, 이러한 현대철학의 결론은 현대무신론의 기초가 되었습니다. 이제 철학자들은 하나님 찾기를 포기했습니다.

세계 2차 대전이후 혜성과 같이 나타난 무신론 철학자인 사르트르는 이 세상을 우연히 생긴 것으로 보고, 우연히 태어난 인간들의 자유를 주장하였습니다. 다윈은 우연히 생겨난 세상에서 만물이 진화되었다는 진화론을 주장하였습니다. 진화론도 무신론에 바탕을 둔 과학철학입니다. 스피노자, 헤겔 등의 철학자들은 창조주 하나님을 부정하고 만물과 하나님을 동일시하였습니다. 이러한 범신론은 초월적인 하나님을 인정하지 않고 하나님을 만물이나 자연으로 대체시킨 관념철학입니다. 또한 헤겔의 관념철학을 완전히 뒤집은 마르크스는 물질과 의식 중 물질만이 실재하며 영혼이나 의식은 그 물질의 반영물일 뿐이라는 유물론을 주장하였습니다. 공산주의 유물론은 하나님의 존재, 사후 세계, 영적인 세계를 완전히 부정한 사회철학입니다.

이상으로 볼 때, 철학의 결론은 하나님에 대하여 알 수 없다는 '불가지론'과 하나님의 존재 자체를 부정하는 '무신론' 두 가지라는 것을 알 수 있습니다. 현대철학은 하나님의 존재를 부정하고 대신 인간의 존엄성만을 높였습니다. 즉 철학에 있어서 진리의 척도는 신이 아닌 인간인 것입니다.

## 4. 종교철학이란 무엇인가?

종교철학은 종교를 철학적인 잣대로 평가하는 것입니다. 종교는 초자연적이고 초이성적인 신비를 갖고 있습니다. 종교적 체험은 지극히 개인적인 체험이기 때문에 매우 주관적입니다. 반면 철학은 자연에 대한 객관적인 관찰을 바탕으로 하기 때문에 매우 합리적이고 이성적입니다. 성도가 체험한 신비한 종교현상을 철학, 즉 과학과 이성의 잣대로 판단하는 것이 바로 종교철학입니다. 따라서 종교철학은 동정녀 탄생이나 부활과 같은 신비하고 초자연적인 종교현상을 '믿을 수 없다'와 '받아들일 수 없다'로 결론짓습니다.

## 5. 진정한 종교란 무엇인가?

현대철학자들은 하나님의 존재를 부정했습니다. 인간이 하나님의 자리를 대신하여 종교의 중심에 섰습니다. 인간이 중심이 되는 종교는 두 가지의 유형으로 나타납니다. 하나는 인간의 양심이 하나님이 되는 것입니다. 이러한 유형의 종교는 도덕이나 윤리로 전락합니다. 또 다른 방향은 인간의 이성이 하나님이 됩니다. 여기서 종교는 철학으로 대체됩니다. 그러나 살아계신 하나님을 잃어버린 양심의 종교와 이성의 종교는 종교로서 아무런 가치가 없습니다. 진정한 종교는 양심도, 이성도 아닙니다. 진정한 종교는 바로 영혼의 종교입니다. 결과적으로 현대철학은 궁극적인 진리로 가는 길을 잃어버리고 말았습니다.

기독교는 인간이 하나님을 만나는 종교입니다. 인간의 마음속 깊은 곳에 영혼이 숨어있습니다. 인간의 영혼은 하나님의 형상의 흔적입니다. 영적인 존재인 인간은 영이신 하나님을 갈망합니다. 하나님을 절대적으로 의지하고 싶은 감정을 갖고 있습니다. 무한하신 하나님을 사모하는 마음과 그분에 대한 동경심을 갖고 있습니다. 즉 우리의 영혼은 우리의 창조주시며 영이신 하나님에 대한 의식과 그에 대한 갈망을 끊임없이 일깨워줍니다.

그러나 철학은 인간의 영적인 측면을 무시합니다. 철학은 인간을 영적인 존재로 이해하지 않습니다. 왜냐하면 과학적으로 영혼의 존재를 증명할 수 없기 때문입니다. 그러나 단지 과학적인 증명이 불가능하다는 이유만으로 우리의 영혼 깊은 곳에서 흘러나오는 창조주 아버지, 신에 대한 갈망을 부정해서는 안 됩니다.

철학자 임마누엘 칸트에 대한 아주 흥미로운 이야기가 있습니다. 그는 무엇이든지 깊이 생각하고 결정하는 매우 냉철한 사람이었습니다. 그는 평소 친하게 지내던 여인으로부터 계속 청혼을 받았으나 쉽게 답변을 하지 않고 있었습니다. 답답했던 여인이 칸트에게 다가와 결혼 여부를 분명히 말하라고 다그쳤습니다. 칸트는 "생각해 보겠습니다"라고 간단하게 말한 뒤 바로 도서관에 갔습니다. 그는 결혼에 관한 책들을 찾아 결혼에 대해 찬성하는 의견과 반대하는 의견을 모아 결혼을 하는 것이 좋은지 하지 않는 것이 좋은지를 분석했습니다. 그리고는 여인의 집에 찾아가 그녀의 아버지에게 "당신의 따님과 결혼하기로 결정했습니다."라고 말했습니다. 그러자 그녀의 아버지는 "여보게, 너무 늦었네. 내 딸은 벌써 결혼해서 두 아이의 어머니가 됐다네."라고 대답했다고 합니다. 사랑은 머리로 하는 것이 아닙니다. 철학적 이론이나 과학적 논리로 하는 것이 아닙니다. 눈에서 시작해서 입으로 고백하는 것, 곧 가슴으로 하는 것입니다.

마찬가지로 하나님의 존재는 우리의 이성이나 과학적인 사고로 분석한다고 증명되는 것이 아닙니다. 우리가 하나님을 사랑하고 동경하고 예배하면 우리는 하나님을 느낄 수 있게 됩니다. 또한 우리가 느낄 수 있도록 하나님이 일하십니다. 하나님은 이해의 대상이 아니라 사랑과 믿음의 대상입니다. 믿고 나면 이해되어지는 것이 바로 하나님의 존재입니다. 즉 진정한 종교는 영이신 하나님과 영적인 존재인 인간이 교제하는 것입니다.

## 6. 철학과 신학의 관계는 무엇인가?

철학은 궁극적 진리를 추구하지만 문제의 해답을 찾지 못합니다. 결국 철학이 돌아가는 곳은 자신이 그동안 부정해왔던 신학입니다. 철학과 신학의 이상적인 관계는 철학은 질문하고 신학은 대답하는 것입니다. 기독교 신학은 일반철학이 알 수 없다고 결론 내린 하나님을 인간이 알 수 있고 또한 만날 수 있다고 말합니다. 절대자에 대해 철학이 질문을 할 때, 신학은 대답합니다. 철학은 하나님에 관해 질문합니다. 그에 대한 신학적 대답은 '계시'입니다. 기독교는 계시의 종교입니다. 계시는 하나님이 자신을 보여주는 것입니다. 하나님은 자연계시(혹은 일반계시)로 자신을 보여주십니다. 태풍과 해일, 그리고 지진과 같은 자연적인 재앙을 통해 위대한 하나님을 느낍니다. 아름다운 산과 바다를 보면서 하나님의 위대함을 느낍니다.

철학으로는 사랑의 하나님을 느낄 수 없습니다. 오히려 그 하나님을 부정하고 싶은 마음이 더 일어날 수도 있습니다. 그렇기 때문에 진정한 하나님의 모습은 특별계시를 통해서만 알 수 있습니다. 기독교의 특별계시는 바로 예수 그리스도입니다. 예수 그리스도는 하나님의 나타남입니다. 인간을 사랑하사 인간의 죄를 용서하시려고 인간이 되신 하나님이 바로 예수 그리스도이십니다. 우리가 예수를 만나게 될 때에야 비로소 하나님의 사랑을 느끼게 됩니다. 하나님이 예수 그리스도를 통해 하나님의 사랑을 계시하셨기 때문입니다.

"하나님이 세상을 이처럼 사랑하사 독생자를 주셨으니 이는 저를 믿는 자마다 멸망치 않고 영생을 얻게 하려 하심이라."(요 3:16)

예수님은 "나와 아버지는 하나이니라."라는 주장으로 자신이 하나님 이심을 주장하셨습니다. 예수님을 아는 것은 하나님을 아는 것(요 8:19)입니다. 예수님을 본 것은 하나님을 본 것(요 12:45, 14:9)입니다. 예수님을 믿는 것은 하나님을 믿는 것(요 12:44, 14:1)입니다. 예수님을 영접하는 것은 하나님을 영접하는 것(막 9:37)입니다.

신학자 바르트는 기독교를 여러 종교 중 하나의 갈래로 보는 것을 거부했습니다. 바르트는 기독교를 '인간을 찾아오신 하나님에 대한 신앙'이라고 말합니다. 이런 면에서 기독교는 일반적인 종교와 다릅니다. 기독교는 하나님이 인간이 되어 인간에게 찾아오신 초자연적인 종교입니다. 구원 사건은 인간의 내면 가운데 있는 영혼이 인간이 되신 하나님, 예수 그리스도를 영접하는 것입니다. 철학의 이성적이고 합리적인 판단을 통해서는 기독교는 이해되거나 수용될 수 없습니다.

그러나 신학은 초자연적이고 초과학적인 예수 그리스도의 사건을 이성적이고 과학적인 사람들이 이해할 수 있도록 설명해야 합니다. 이때에 신학이 사용하는 철학적 방법은 역설과 변증입니다. 역설이란 과학과 철학으로 볼 때 모순덩어리인 기독교 신앙을 초자연적이고 초과학적으로 설명하는 것입니다. 그러므로 역설이란 긍정할 수 없는 것을 긍정하는 것입니다. 기독교 신앙은 과학적으로나 철학적으로 긍정할 수 없는 믿음체계입니다. 그러므로 신앙인들은 자신들의 신앙을 초과학적이고 초이성적으로 해석하려고 시도합니다. 이것이 바로 역설입니다.[18]

이성은 우리의 영혼이 예수를 영접하고 구원받는 과정을 관찰합니다. 또한 자신이 관찰한 구원과정을 논리적으로 기술할 수 있습니다. 그러므로 신학은 철학과 이성이라는 도구를 버릴 수 없습니다. 즉 철학과 신학은 평행선상에서 서로에게 영향을 주지만 결국에는 기독교 신학이 철학을 포함하는 함수 관계에 있는 것이지요.

## 토론사항

1. 철학이란 무엇인가? 그리고 철학의 특징들은 무엇인가?

2. 과학과 철학의 관계는 무엇인가?

3. 진정한 종교란 무엇인가?

4. 철학과 종교의 관계는 무엇인가?

5. 철학과 신학의 관계는 무엇인가?

Does God exist?

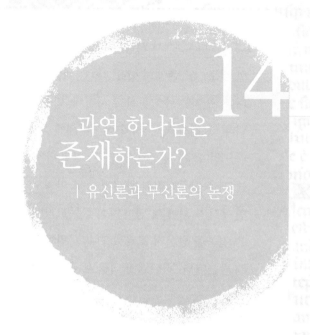

# 과연 하나님은 존재하는가?

## | 유신론과 무신론의 논쟁

하나님은 존재하는가? 만약 존재한다면, 우리는 어떻게 그 하나님을 만날 수 있

는가? 인간은 자신이 우연히 태어났다고 생각하면서도 자기의 생명을 준 절대자

를 찾고자 하는 본능이 있습니다. 또한 인간은 자신이 이 세상에 왜 태어났는지

를 알고 싶어 합니다.

대다수의 사람들은 자신이 왜 이 세상에 태어났는지를 알지 못합니다. 그래서 사람들은 자신이 이 세상을 왜 살아가야 하는가에 대한 질문, 즉 '존재의 이유'나 '존재의 목적'을 묻는 질문을 곧잘 하곤 합니다. 필자는 중고등학교 시절에, 학교 다니며 공부하는 것이 힘들었습니다. 그래서 저는 저의 어머니에게 원망스러운 질문을 하고 말았습니다. "엄마! 왜 절 낳으셨어요?" 저의 갑작스럽고 반항적인 질문에 어머니는 매우 당혹스러워 하시며 아무 말씀도 못하셨습니다. 이제 저도 어엿한 부모가 되어 세 명의 자식을 두고 있습니다. 아마 언젠가는 저도 똑같은 질문을 받을지 모르겠습니다. 만약에 제가 그런 질문을 저의 자식에게 받는다면 "하나님이 너를 보내셨지!" 라고 말하려고 합니다.

자신이 이 세상에 보내진 어떠한 목적을 알지 못할 때 인간은 방황하게 됩니다. 왜냐하면 이 세상을 살아간다는 것이 그렇게 재미있고 유쾌한 일만은 아니기 때문입니다. 정말 요즈음 말로 "세상 살기가 만만치 않습니다." 정말 인생의 여정이 고생길인 것은 분명합니다.

이 땅에 두 발을 디디고 사는 한은 먹고 사는 문제가 우선적 과제일 것입니다. 그런데 먹고 사는 문제가 없는 사람은 또 다른 문제로 시달리게 되어있습니다.

요즈음 KBS의 유행하는 프로그램 "스펀지"에서 소개된 '인생의 불가사의'를 소개해 보겠습니다.

1. 프랭크가 발견한 불가사의한 삶의 법칙
- 담배가 있으면 불이 없고, 불이 있으면 담배가 없다.
- 컵라면이 있으면 젓가락이 없고, 젓가락이 있으면 컵라면이 없고, 둘 다

있으면 다이어트가 생각난다.
- 애인이 있으면 돈이 없고, 돈이 있으면 애인이 없고, 둘 다 있으면 시간
이 없다.


2. 에토레가 발견한 인생고찰
- 용무가 급해서 달려간 화장실에서 내가 서 있는 줄이 아닌 다른 쪽의 줄
이 꼭 빨리 줄어든다.
- 그래서 옆줄로 옮기면 원래 서 있던 줄이 더 빨리 줄어든다.


3. 허버트 부인과 이브의 관찰
- 잃어버린 양말은 꼭 다른 한 짝을 버린 후에 찾게 된다.
- 바겐세일이라도 마음에 드는 옷은 꼭 세일에서 예외 품목이다.


어쩌면 인생의 불가사의를 논한 위의 법칙들이 우리의 웃음을 자아낼
지도 모릅니다. 아마도 이러한 경험들을 우리 자신이 실제 겪었기 때문
일 것입니다. 인생이라는 것이 위에 소개된 내용처럼 단지 애교스럽게
우리를 괴롭힌다면 무어 그리 힘든 세상이 아니라고 할 수도 있겠습니
다.


그러나 삶의 문제들 속에서 허덕이는 사람들에게 있어 인생의 현실은
이처럼 쉽게 웃을 수만은 없는 고난과 고통의 연속이라는 사실을 어느
누가 부정할 수 있겠습니까? 어쩌면 고달픈 인생을 회피하고픈 마음이
앞설 수도 있습니다.


그래서 사람들은 자살을 통해 자신의 고통스러운 삶을 벗어나 보려고

도 합니다. 그러나 죽지 못해 사는 사람들은 두 가지 두려움을 가지고 살아갑니다. 첫 번째 두려움은 죽음의 순간에 대한 두려움입니다. 죽음 자체보다는 죽음의 순간을 두려워해서 사람들이 죽기를 꺼려합니다. 혹자는 "죽지 못해 산다."라는 말을 하기도 합니다. 두 번째 두려움은 종교적인 두려움입니다. 혹시 하나님이 계시면 어떻게 하나? 자살하면 지옥에 가는 것 아냐! 라는 의문들이 우리에게 두려움으로 다가옵니다.

이제 우리가 이 고통스러운 세상을 살아가야할 이유를 밝혀야 합니다. 우리는 왜 태어났는가? 우리는 왜 이런 고통스러운 세상을 살아가야 하는가? 우리가 죽으면 어디로 가는가?

이러한 질문들은 우리가 밝혀야할 궁극적인 질문들입니다. 이런 면에서 틸리히라는 신학자는 종교를 "궁극적인 관심에 사로잡힌 상태"라고 말합니다.

우리가 묻는 궁극적인 질문들은 바로 하나님의 존재에 대한 질문으로 이어질 수밖에 없습니다. 만약 하나님이 살아 계시다면 우리가 이 세상에 태어난 것은 어떠한 의미와 목적이 있을 것입니다. 그러나 만약 하나님이 존재하지 않는다면 우리가 이 힘들고 어려운 세상을 고통스럽게 살아갈 필연적인 이유를 찾기는 어려울 것입니다. 그야말로 죽지 못해 산다는 푸념을 입에 달고 사는 수밖에 없겠지요.

많은 사람들이 하나님이 없다고 말합니다. 그 이유는 "하나님이 살아 계신데 왜 세상이 '이 모양 이 꼴로' 엉망이냐?" 라는 것입니다. 착하게 사는 사람들이 오히려 더 고생하고, 악하게 사는 사람들은 더 잘 살게 되는 이 세상을 이해할 수 없다는 것입니다. 하나님이 살아계신데 이럴 수 없다는 것입니다.

이제 우리는 정말로 신이 존재하는지를 살펴보아야 할 것입니다. 그래서 우리는 종교를 선택하기 전에 먼저 하나님이 실제로 존재하는지에 대한 증명을 시도해 볼 것입니다.

기독교는 유신론과 무신론의 두 가지 선택 중 유신론을 선택할 수 있도록 하기 위한 증명을 우선 시도해야 합니다. 하나님의 존재가 증명된 후에야 비로소 기독교가 참된 종교임을 인정받을 수 있습니다.

## 1. 과연 신은 존재하는가?

하나님은 존재하는가? 만약 존재한다면, 우리는 어떻게 그 하나님을 만날 수 있는가? 인간은 자신이 우연히 태어났다고 생각하면서도 자기의 생명을 준 절대자를 찾고자 하는 본능이 있습니다. 또한 인간은 자신이 이 세상에 왜 태어났는지를 알고 싶어 합니다.

내가 왜 이 세상에 존재하는가를 필연성으로 설명한다면 하나님의 특별한 계획과 목적 아래 이 세상에 보내졌다고 믿는 것입니다. 그러나 우연성으로 설명한다면 우리는 아무런 계획도 목적도 없이 하나님이 없는 이 세상에 우연히 태어났다고 믿는 것입니다.

하나님이 없다고 말하는 실존철학자들은 이렇게 말합니다.
인간은 이 세상에 우연히 던져진 존재이기 때문에 인간의 삶은 아무런 의미나 가치가 없다는 것입니다. 이 실존철학에는 신의 죽음을 외친 니체의 절망감이 들어 있다고 볼 수 있습니다. 이 비장한 절망감이 2차 세계대전 후 폐허 속에서 고민하던 젊은이들의 가슴을 파고들었던 것입니다. 그래서 이들은 자신들의 삶은 아무런 목표도, 의미도, 가치도 없다고 생각했습니다. 이들은 단지 인간의 자유를 외치면서 자신들의 인생을 개척해 나가야 한다는 목표 외에는 신에 대한 믿음이나 존중 같은 것은 없었습니다. 그리고 인생을 개척해 나가는 것은 하나님의 뜻이 아니라 전적으로 자신들의 의지에 달려있다고 생각했습니다. 마치 백지 위에 그림을 그리듯 자신의 삶을 자기 스스로 만들어 가야 한다는 생각이 젊은이들의 마음에 가득하였습니다.

## 2. 하나님은 없다? – 무신론의 성장 배경

### 종교개혁의 영향

1517년 시작된 루터의 종교개혁은 타락한 중세교회의 권위를 무너뜨렸습니다. 중세 가톨릭교회는 성경의 말씀에서 벗어난 여러 행위를 서슴지 않고 했습니다. 가톨릭교회는 교황을 숭배하였고, 성모 마리아를 숭배하였습니다. 이들은 인간의 죄를 용서해주는 면죄부까지 팔았습니다. 면죄부를 돈을 주고 사면 죄를 용서받고 천국에 갈 수 있다는 것이었습니다. 이러한 면죄부의 판매는 우리의 죄를 대속하기 위해 십자가에서 피를 흘리신 예수님의 공로를 무시하는 것을 의미했습니다. 어떻게 이러한 성경에서 벗어난 일들이 당시에 가능했을까요? 그것은 중세 가톨릭교회가 공부를 많이 한 성직자들만 읽을 수 있는 라틴어로 된 성경만을 인정하고 일반인들은 성경을 읽을 수 없게 하였기 때문이었습니다. 그리하여 루터, 칼빈, 쯔빙글리와 같은 종교개혁자들은 가톨릭교회가 성서로 다시 돌아오길 원했습니다. 인간의 선한 행위나 돈으로 구원을 얻는 것이 아니라 성경에 나와 있는 대로 예수님을 의지하는 믿음으로 구원을 받아야 한다는 것을 가르쳤습니다. 종교개혁자들은 성경을 각 나라의 언어로 번역하기 시작하였습니다. 당시에 가톨릭교회는 라틴어 성경만을 거룩하다 생각하였습니다. 이러한 분위기 속에서 그 누구도 감히 성경을 번역할 수 없었는데, 종교개혁자들은 목숨을 걸고 성경을 자국어로 번역하였던 것입니다. 이때에 루터는 독일어로 성경을 번역하였고, 윌리엄 틴데일은 영어로 번역하였습니다. 그리하여 라틴어를 모르는 일반 성도들도 그들의 모국어로 자유롭게 성경을 읽는 신앙의 자유시대가 온 것입니다. 그리하여 절대적이었던 중세 가톨릭교회의 권위는 서서히 힘을 잃어가기 시작했던 것입니다.

### 현대과학의 발달

현대과학의 문을 연 코페르니쿠스(A.D. 1473-1543)는 지동설을 주장하였습니다. 이는 천동설을 주장하는 중세 가톨릭교회의 가르침에 반하는 것이었습니다. 그 후로 위대한 천문학자 갈릴레오 갈릴레이(A.D. 1564-1642)가 지동설을 다시 주장하였습니다. 이로 인해 중세 교회의 가르침인 천동설이 붕괴되었습니다. 천동설은 하나님은 하늘에 있고, 사람은 땅 위에 있고, 지옥은 땅 밑에 있다는 중세 교회의 우주에 대한 삼층 구조적인 가르침이었습니다. 천동설의 붕괴로 인해 교회의 권위는 그 뿌리채 흔들리게 되었습니다. 천동설의 붕괴는 초월적인 하나님의 영역인 하늘의 붕괴를 의미하였습니다. 이로 인해 하늘에 있는 초월적

인 하나님을 대리하여 세상을 다스렸던 가톨릭교회의 권위도 무너지게
되었습니다.

종교개혁과 과학의 발전은 중세 교회의 권위뿐만 아니라 하나님의 절
대적인 권위조차 위협하게 되었습니다. 중세시기에 과학과 철학은 교회
와 종교의 하수인이었는데, 이제는 이들 학문이 종교로부터 독립하여
17-18세기 계몽주의 시대를 열게 되었습니다. 계몽은 "무지를 깨우치는
것"을 의미하였는데, 이러한 계몽주의로 인해 많은 사람들은 하늘의 하
나님과 교회의 권위로부터 벗어나 이 땅과 인간에게 관심을 기울이게 되
었습니다. 이것이 바로 중세시대에서 현대시대로의 전환을 의미하는 것
입니다. 이제 17-20세기 초에 이르는 현대시대는 저 하늘 멀리서 이 세상
을 다스리시는 하나님의 살아계심을 불신하게 되었습니다. 그리고 자연
스럽게 이 세상과 이 세상 속에서 살아가는 인간을 중시하는 인간중심의
시대를 노래하게 됩니다. 현대인들에게 더 이상 하나님은 관심의 대상
이 될 수 없었습니다.

이제 현대인들은 신과 하늘보다는 자연과 인간에 대해 커다란 관심을
가지게 되었습니다. 그동안 하나님을 믿으며, 그 하나님의 대리자인 중
세교회의 권위아래 시달렸던 사람들은 하나님과 종교로부터의 자유를
선포했습니다. 더 나아가 그 어떠한 진리도 이제는 먼저 의심하고 회의
하는 것이 새로운 사유방식으로 각광을 받게 되었습니다. 현대철학의
아버지인 데카르트(A.D. 1596-1650)는 진리를 얻기 위해서는 무엇이든
먼저 의심하는 회의주의를 그 방법론으로 삼았습니다. 이와 더불어 현
대과학은 과학적 경험주의라는 방법론을 세웠습니다. 그래서 모든 사건

들을 실험과 검증을 통해 받아들이는 실증주의를 따르게 되었습니다. 이로 인해 역사에 대한 해석도 변화되어서 신화와 역사적 사실을 구분하는 역사적 사실주의가 나타나게 되었습니다.

### 계몽주의의 영향

17-18세기의 계몽주의시대는 과학적으로 검증할 수 없다는 신념하에 신을 부정하였으며, 대신 인간들의 합리적인 생각을 우상화하였습니다. 무엇이든지 합리적이지 않으면 거부하게 되었습니다. 종교개혁으로 인해 자유롭게 성경을 읽을 수 있게 된 현대인들은 각자가 기독교 신앙을 평가하게 되었습니다. 종교개혁자들의 도전과 천동설의 붕괴로 인해 중세교회의 종교적 권위가 무너진 위에, 아이러니하게도 인간을 종교로 직접 이끌고자 했던 종교개혁의 산물인 성경번역이 오히려 종교의 권위를 몰락시키는 결과를 부추겼다는 것입니다.

이제 현대인들은 성경의 초자연적인 기적과 사건들을 과학적 실험과 실증에 의해, 합리적이고 이성적인 의심과 회의를 통해, 역사적인 사실과 신화를 구별하는 역사적 사실주의에 입각해 해석하게 되었습니다. 결과적으로 현대인들은 초월적이고 보편적인 하나님에 대한 신앙과 더불어 인간이 되신 하나님, 예수 그리스도에 대한 신앙도 또한 회의와 의심을 통해 불신하게 되었습니다. 그리하여 성경의 초자연적인 기적들(예를 들어, 동정녀 탄생, 예수님의 부활과 승천, 죽은 자를 살리시는 기적 등)은 비과학적이고 비이성적인 사건들로 취급하여 역사적 사실로 받아들이기를 거부하였습니다.

17-18세기 계몽주의 시대로부터 20세기 초, 제1차 세계대전에 이르는 현대 시기는 인간의 미래에 대해 낙관적으로 보는 관점이 융성했던 시기입니다. 그들은 하나님의 도움이 없이도 인간 스스로의 힘으로 이 땅에 유토피아를 건설할 수 있다는 믿음을 소유하게 되었습니다. 이로써 과학을 절대적으로 신뢰하는 과학만능주의와 인간의 이성을 우상화하는 이성적 합리주의가 서로 결합되면서 현대 무신론을 낳게 되었습니다. 현대 무신론의 특징은 초월적인 하나님에 대한 무관심이고, 이 세상과 이 세상에 살아가는 인간들에 대한 지나친 관심입니다. 그래서 19세기 신학은 그동안 하나님이 차지했던 종교의 자리에 인간으로 대체 하였는데, 칸트는 인간의 양심에, 헤겔은 인간의 이성에, 쉴라이에르마허는 인간의 감정에 종교의 자리를 놓았던 것입니다.

또한 현대 무신론은 만물과 자연을 하나님과 동일시하는 범신론[19]을 낳았습니다. 세상과 구별되어 세상을 창조하시고 또한 통치하시고 계신 하나님을 부인하고, 그저 세상과 자연 안에 존재하여 세상과 운명을 함께하는 하나님을 주장한 것입니다.

### 3. 현대 무신론은 무엇을 말하는가?

천동설이 무너지고 지동설을 신뢰하게 되면서 세상을 다스리시는 하나님은 죽었다고 할 수도 없고 그렇다고 살아있다고 할 수도 없게 되었습니다. 그래서 철학자들은 초월적인 하나님에 대하여 우리가 알 수 없다고 주장하였습니다. 이것이 바로 불가지론입니다. 또 다른 철학자들은 하나님은 만물과 우주 안에 갇혀있다고 주장하였습니다. 만물과 하나님을 동일시하여 하나님의 영역을 제한하는 것이 바로 범신론입니다.

현대 무신론은 하나님에 대한 불가지론과 범신론이 결합된 것입니다. 이러한 현대 무신론은 사회학적 무신론, 심리학적 무신론, 유물론적 무신론, 과학적 무신론으로 분화되었습니다.[20]

### (1) 실존적 무신론

하이데거와 사르트르와 같은 실존주의 철학자들은 이 세상이 우연히 생겨났으며, 인간들의 출생과 죽음도 우연한 것이라고 주장합니다. 사르트르는, 세상의 창조자로서의 하나님은 우연히 생겨난 세상에서 발생하는 문제를 해결하기 위해 의도적으로 만들어진 것이라고 합니다. 하이데거에 의하면, 인간은 이 세상 가운데 아무런 까닭이 없이 "던져진 존재"입니다. 실존적 무신론은 우연적인 자신의 운명을 탓하면서 자신의 운명을 스스로 통제하려는 도피적 행동인 자살을 정당화합니다. 실존적 무신론은 인간의 삶을 아주 무의미하고 무가치하게 여기어 우리를 허무주의나 염세주의로 이끌어 갈 수 있습니다.

최근 TV 시청자들을 깜짝 놀라게 했던 '얼굴 없는 아이'를 소개하고자 합니다. 세 살배기 이 여아는 미국 플로리다 주의 오렌지 파크에 살고 있는 쥴리애너라는 아이입니다. 이 아이는 위턱과 뺨, 눈구멍, 귓바퀴 등을 구성하는 뼈가 30%밖에 없는 상태에서 태어났습니다. 이처럼 뼈가 제대로 구성되지 않아 '얼굴 없는 상태'가 된 증상을 '트리처 콜린스 신드롬'(Treacher Collins Syndrome)이라고 하는데 의료진은 "쥴리애너의 상태가 지금까지 사례 중 최악"이라고 입을 모았습니다. 아이는 14번의 외과수술을 받았습니다. 앞으로도 최소한 30차례 이상 수술을 받아야 합니다. 그러나 해군에서 근무하고 있는 아이 부모는 "사랑스러운 이 딸은 하나님의 선물"이라며 감사하고 있습니다. 아빠인 톰은 "하나님께서는 인간이 감당할 수 없는 것을 결코 주시지 않는다. 딸은 모든 이에게 보여 줄 많은 것을 갖고 있다."고 말했습니다.

얼굴이 없어도 '선물'이라며 감사하는데 아름다운 얼굴을 선물로 받은 우리가 그 선물을 '가치 없는 상품'으로 여긴다면 얼마나 불행한 일입니까? 기독교인들은 무신론적이며 허무주의적인 생각을 버리고 우리를 향한 하나님의 계획과 목적을 믿으며 행복하고 의미 있는 삶을 살아야 할 것입니다.

### (2) 사회학적 무신론

20세기 초에 프랑스의 사회학자 뒤르껭은 "하나님은 사회가 개인의 사고와 행위를 지배하기 위하여 조작해 낸 상상적인 존재에 불과하다."고 주장하였습니다. 뒤르껭에 의하면, 하나님이 인간을 창조한 것이 아닙니다. 오히려 인간이라는 사회적 동물이 사회의 질서를 유지하기 위해 하나님을 창조한 것입니다. 이러한 사회학적 무신론의 문제점은 사회의 범주를 떠나서도 인간들이 그대로 지니고 있는 보편적인 종교적 양심에 대해 설명할 수 없다는 것입니다.

한 소녀가 아버지와 함께 이스라엘 성지순례에 나섰습니다. 그때 한 테러리스트가 쏜 총알이 아버지의 머리를 관통했습니다. 충격을 받은 소녀는 범인을 찾아내 복수할 생각으로 히브리어와 아랍어를 열심히 배웠습니다. 그리고 그 유명한 워싱턴포스트지의 기자가 되어 이스라엘 근무를 자청했습니다. 그녀는 법원 기록을 뒤져 12년 만에 범인의 소재를 확인했습니다. 테러범의 이름은 오마르 하티브…. "이제 드디어 복수의 기회가 왔다." 그녀는 자신의 신분을 숨긴 채 범인과 가족들을 만났습니다. 그런데 크리스천인 그녀의 마음속에 갑자기 주님의 음성이 들려왔습니다.

"진정한 복수는 그들이 자신의 죄를 회개하게 만드는 것이다. 물리적 복수는 동물적 본능일 뿐이다."

그녀는 자신이 복수하고자 했던 것에 대하여 테러범과 가족들에게 오히려 용서를 구했습니다. 그리고 범인의 가석방을 위해 청원서를 제출하는 차원 높은 사랑을 보여주었습니다. 이 여인이 바로 로라 블루멘펠트, 전 워싱턴포스트지 기자입니다. 사회학적 무신론은 인간의 영혼에 들려오는 초월적인 하나님의 음성을 설명할 수 없습니다. 더 나아가 사회학적 이론은 종교를 단지 자연현상으로만 이해하여 사회를 초월한 양심의 소리를 설명할 수도 없습니다.

### (3) 심리학적 무신론

스위스의 심리학자 프로이드는 종교의 본질에 관하여 정신심리학적으로 분석하였습니다. 종교는 인간들이 지진, 홍수, 폭풍, 질병, 죽음 등 자연의 위협에 대한 심리적인 방어로 생겨났다는 것입니다. 자연의 위협에 두려워 떠는 인간들이 자신의 상상력을 통해 종교를 만들어냈다는 것입니다. 그러므로 종교란 인간이 이 세계를 환상으로 대하지 않고 실증적이고 과학적인 지식으로 대할 때 스스로 사라질 사회현상에 불과하다는 것입니다.

미국 아이오와 주의 작은 마을 웨스트 브로치에서 일어났던 기적 하나를 소개하고자 합니다. 한 교회학교 교사가 길거리에서 놀고 있는 네 명의 소년을 만났습니다. "애들아, 오늘 너희들에게 아주 중요한 분을 소개해주겠다." 소년들은 교사를 따라 교회에 갔고, 교사는 그들을 위해 성경공부 반을 만들어 열심히 가르쳤습니다. 소년들은 철저한 신앙훈련을 받았고, 장성해서 마을을 떠났습니다. 교사의 은퇴식 날에 식장에 네 통의 편지가 배달됐습니다. 한 통은 중국 선교사, 한 통은 미국 연방은행 총재, 한 통은 대통령 비서실장에게서 온 것이었습니다. 그리고 마지막 편지봉투에는 '후버'(Herbert Hoover)라는 글씨가 적혀 있었습니다. 미국 제31대 대통령의 이름입니다. 편지에는 이런 글이 적혀 있었습니다. "선생님이 그때 저희에게 가르쳐 준 하나님의 말씀을 통해 역경을 극복하고 있습니다. 감사합니다." 길거리의 네 소년은 예수님을 만난 이후, 미국과 세계를 움직이는 인물로 성장해 있었던 것입니다.

종교는 심리적인 안정을 위해 인간이 만든 것이 아닙니다. 인간은 실제로 살아있는 하나님을 체험하고, 그 종교적 경험을 통해 종교를 살아있게 만드는 것입니다.

### (4) 유물론적 무신론

공산주의와 유물론의 창시자인 마르크스는 오직 물질만을 객관적 실재로 인정 할 수 있다고 주장했습니다. 그는 하나님의 살아계심을 부정하였고 영적인 세계도 부인하였습니다. 인간 내면 속에 있는 영원세계에 대한 동경심, 즉 사후 세계에 대한 믿음을 전적으로 부인하였습니다. 결국 유물론은 인간존재의 의미를 상실하게 만듭니다. 유물론을 주장했던 마르크스의 세 딸 모두 비극적인 최후를 맞이하였는데, 그 중 두 딸의 사망 원인은 다름아닌 자살이었습니다.

유한한 인간의 삶에 하나님의 존재와 영원세계에 대한 희망이 없다면 참으로 허무하고 절망적인 인생일 것입니다. 유물론적 무신론은 자신의 삶에 대한 고통을 자살이라는 현실 도피적인 행동으로 벗어나고자 하는 것을 정당화합니다. 또한 만약 사후의 심판이 없다면 이 세상에서의 도덕적인 선과 악이 아무런 보상이나 처벌을 받을 필요가 없게 되고, 이로 인해 도덕적인 "아노미현상"이 초래될 것입니다.

(6) 과학적 무신론

현대과학에 의한 무신론은 세상은 우연히 생겨났고, 모든 생명체는 진화되었으며, 종교는 과학이 발전함에 따라 언젠가는 없어질 것이라고 주장합니다. 그러나 과학이 극도로 발달한 지금의 현실을 비웃기라도 하듯 미신적인 신앙이 더욱 강해지고 있는 현상을 어떻게 설명해야 할까요? 요즈음 한국에서 점집들이 더욱 늘어나고 있습니다. 인터넷과 신문에서는 운세와 점을 보라고 난리입니다. 미국에서 가장 미신적인 신앙이 강한 직업군 중 하나인 공군 조종사들은 비행기 운행 중에 아내의 속옷을 입고 있으면 안전하다는 미신을 절대적으로 믿습니다. 지금과 같은 초현대과학적인 시대에 이 얼마나 아이러니한 일입니까!

## 4. 하나님의 존재는 증명될 수 있는가? (유신론 논증)

"믿음이 없이는 하나님을 기쁘시게 하지 못하나니 하나님께 나아가는 자는 반드시 그가 계신 것과 또한 그가 자기를 찾는 자들에게 상주시는 이심을 믿어야 할찌니라."(히 11:6)

### (1) 하나님은 우주론적으로 증명될 수 있습니다.

아리스토텔레스는 자연과학적인 이론을 통해 하나님의 존재를 증명하려고 시도했습니다. 우리는 이를 우주론적 증명이라고 말하는데 이 증명들은 자연에 관한 경험적인 관찰을 통해 세계의 배후에 있는 하나님의 존재를 추론하는 방식입니다. 중세 최고의 신학자인 토마스 아퀴나스가 아리스토텔레스에 의해 시작된 우주론적 논증들을 다섯 가지의 경험적인 증명들로 발전시켰습니다.

### ① 하나님은 최초의 운동자입니다.

현실의 모든 사건은 하나의 운동의 결과라 할 수 있습니다. 이러한 운동은 그것의 원인이 있는데, 이러한 원인은 또 다른 원인으로 소급됩니다. 그러나 이 운동은 자신은 움직이지 않으면서 남을 움직이게 하는 부동의 동자(Unmoved mover)로서의 최초의 운동자를 전제하지 않을 수 없습니다. 이 최초의 운동자가 바로 하나님이라는 것입니다.

### ② 하나님은 최초의 원인입니다.

모든 현실적 사물들은 어떤 원인에 따른 결과입니다. 그러므로 원인을 거슬러 올라가다 보면 더 이상 원인을 갖지 않으면서 다른 것의 원인만 되는 최초의 원인을 전제하게 됩니다. 이 최초의 원인이 바로 하나님입니다.

세계 안에 있는 존재들은 존재할 수도 안할 수도 있는 우연성의 존재들입니다. 그렇다고 본다면 우연적으로 존재한 것들은 그보다 높은 차원의 존재인 필연성의 존재에 그 근거를 둔다고 볼 수 있습니다. 그러므로 자기 존재의 필연성을 자기 자신 안에 가진 존재만이 우주 만물을 존재하게 할 수 있는 것입니다. 이 최초의 필연적인 존재가 바로 하나님이라 할 수 있습니다. 하나님은 세계의 필연성의 원인인 것입니다.

이 세계의 모든 사물들은 존재의 의미에 있어서 서로 다른 단계들로 질서 있게 형성되어 있습니다. 하나님은 이러한 단계적 질서가 지향하는 가장 높은 선 또는 가치입니다. 또한 하나님은 사물들 속에서 발견되는 상대적인 완전의 토대가 되는 절대적인 완전입니다.

모든 세계와 자연의 현상들은 질서를 지닙니다. 하나님은 모든 자연적인 사물들을 그들의 목적을 향해 나아가도록 인도하는 분입니다.

이러한 우주론적 증명들은 하나님이 세계의 궁극적인 원인으로 존재하지 않으면 안 된다는 사실을 입증하려는 시도입니다. 또한 자연 세계 현상들의 질서를 유지시키고, 그 모든 현상들의 궁극적인 목적을 불어넣는 어떤 신적인 존재를 전제하지 않으면 안 된다는 사실을 증명하려는 시도입니다.

## (2) 하나님은 목적론적으로 증명될 수 있습니다.

윌리엄 페일리(1743-1805)는 시계공의 시계를 비유로 하나님의 존재를 증명하려고 시도했습니다. 정밀한 기계인 시계가 시계를 만든 사람의 존재를 증명하듯이, 자연세계의 설계와 복잡한 구성은 그 건축자의 존재를 증언한다는 것입니다. 이에 관해 신약성경의 히브리서 기자는 "집마다 지은 이가 있으니 만물을 지으신 이는 하나님이시라." (히3:4)고 말하고 있습니다.

## (3) 하나님의 존재는 도덕적으로 요청됩니다.

칸트는 "인간에 의해 증명될 수 있는 하나님은 이미 하나님이 아니다."라고 주장하면서 하나님 존재에 관한 논리적인 증명을 비판합니다. 그는 하나님은 논리적으로 증명될 수 있는 분이 아니고 단지 그 존재가 도덕적으로 요청된다고 주장했습니다. 칸트는 인간들은 도덕적인 의무에 대한 인식을 갖고 살아간다고 말합니다. 그러므로 도덕적인 우주 속에서 선한 행위는 보상되어야 하고, 악행은 처벌받아야 한다는 것입니다. 결과적으로 세상은 도덕적인 심판을 가능케 해주는 최고의 존재를 요구한다는 것입니다. 칸트는 하나님은 초월적인 분이므로 우리가 하나님에 대하여 증명할 수도, 알 수도 없다는 불가지론을 주장하면서도 선과 악이 심판되는 질서 있는 도덕 사회가 이루어지기 위해서는 하나님의 존재가 전제되어야 함을 주장합니다.

## (4) 하나님의 존재는 역사적으로 증명될 수 있습니다.

역사적으로 볼 때에 모든 민족들은 하나님 혹은 신에 대한 나름대로의 생각을 가지고 살아왔습니다. 서로 다른 민족들과 종족들이 하나님의 존재에 관하여 똑같이 느끼고 있었다면 이는 그러한 존재가 실재한다는 증명이 될 수 있는 것입니다.

(5) 기적과 같은 특별한 사건에 의해 하나님의 존재는 증명될 수 있습니다.

마지막으로 세상 속에서 벌어지는 아주 특별한 사건들을 통해 우리는 하나님을 증명할 수 있습니다. 기적이나 기도의 응답과 같이 여러 사람들이 공공연하게 목격할 수 있는 특별한 사건들은 하나님의 실재를 증명합니다. 기독교인들이 아닌 일반인들도 태몽이나 길몽을 통해 절대자의 존재를 느끼게 됩니다. 요즈음 복권이 큰 인기를 끌고 있는데, 당첨자 중에 아주 많은 사람들이 돼지꿈이나 실제 당첨되는 숫자를 꿈을 통해 미리 보는 경우들이 있습니다. 이런 사건들을 간접적이든지 직접적으로 경험하게 될 때 하나님의 존재를 거부하는 무신론자들도 "이 세상에는 그 무엇인가 초월적인 존재가 있다!"라는 생각을 가지게 됩니다.

이러한 우주론적이며 목적론적인 증명들은 자연을 통해 경험할 수 있는 사실들을 통해서 하나님의 존재를 입증하려는 이성적이며 합리적인 시도라 할 수 있습니다.


5. 우주와 대자연은 하나님의 살아계심과 그의 신성을 보여줍니다.

성서는 우리가 만물을 통해 하나님의 존재를 부인할 수 없음을 주장합니다.

"창세로부터 그의 보이지 않는 것들, 곧 그의 영원하신 능력과 신성이 그

만드신 만물에 분명히 보여 알게 되나니 그러므로 저희가 핑계치 못할 찌
니라."(롬 1:20)

만물을 통해 우리는 창조주 하나님의 신성과 위대함을 느낄 수 있습
니다. 하나님이 있느냐 없느냐의 유신론과 무신론의 전쟁 속에서 우주
론적 논증은 유신론적 논증을 뒷받침해줍니다. 즉 진화론과 같은 과학
적 무신론의 도전에 우주론적 논증은 창조론의 우세함을 보여줍니다.

게시는 "감추어 있던 것을 드러내어 보여주는 것"을 의미하는데, 이는
하나님이 자신을 인간들에게 독특한 방법으로 보여주심을 의미합니다.
자연계시란 하나님이 인간에게 자연을 통해서 창조자이신 하나님을 어
느 정도 알 수 있도록 허락하셨다는 말입니다.

역사를 통해 지금까지 깨지지 않은 유일한 과학법칙이 바로 인과율입
니다. 인과율은 모든 결과에는 반드시 원인이 있다는 법칙입니다. 인간
과 자연을 포함하는 만물이라는 엄연한 결과물에 대해 그것이 막연히 우
연으로 생겼다든지 아니면 그것에 대한 아무런 원인이 없다는 주장은 과
학의 가장 근본적인 법칙인 인과율에 위배되는 것입니다. 성경은 우리
가 우주의 신비를 통해 하나님의 존재를 부인할 수 없음을 주장합니다.

"우주와 만유를 지으신 신께서는 천지의 주재시니... 만민에게 생명과 호
흡과 만물을 친히 주시는 자이심이라. 인류의 모든 족속을 한 혈통으로 만
들어 온 땅에 거하게 하시고 저희의 년대를 정하시며 거주의 경계를 한하
셨으니 이는 사람으로 하나님을 혹 더듬어 찾아 발견케 하려 하심이로되
그는 우리 각 사람에게서 멀리 떠나 계시지 아니하도다. 우리가 그를 힘입
어 살며 기동하며 있느니라." (행 17:24-28)

1967년 노벨과학상을 수상한 조오지 왈드(George Wald)는 진화론의 불가능성과 창조론의 필연성에 대해 다음과 같이 주장합니다.

"이 땅 위의 생명의 기원에 대해 언급할 때, 우리에게는 단 두 개의 가능성만이 존재합니다. 그것은 창조 혹은 진화인데, 이 이외의 또 다른 가능성은 있을 수 없습니다. 진화는 이미 100년 전에 가능성이 없는 것으로 판정이 되었으므로 이제는 초자연적 창조라는 단 하나의 결론만이 남게 되었습니다. 그러나 우리는 개인적인 이유, 특히 철학적인 이유 때문에 창조론을 거부합니다. 우리는 불가능한 것, 즉 진화론을 믿기 원하며 그것은 생명이 우연히 발생되었다는 아주 터무니없는 생각입니다."[21]

우리는 만물을 통해 하나님의 창조의 신비함을 보게 되며 하나님을 인정하게 됩니다. 여러분은 우리의 혈관이 지구를 두 바퀴 반을 돌 수 있다는 사실을 알고 있습니까? 또한 머리카락이 평생 동안 약 563km가 자라며, 우리의 재채기의 최고 속도가 시속 169km라는 사실을 알고 있습니까? 정말로 신비롭지 않습니까?

1971년에 제임스 어윈이 달나라 여행을 다녀와서 남긴 한 마디 말은 전 세계를 감동시켰습니다. "내가 달나라에 도착하자마자 맨 처음 느낀 것은 하나님의 창조하심과 하나님의 영광스러운 임재였습니다." 우리는 거대한 우주와 신비스런 대자연을 통해 창조주 하나님의 신성과 위대함을 인정하지 않을 수 없습니다.

그러나 자연을 통해 하나님을 아는 것은 한계가 있습니다.

자연을 통해 하나님의 살아계심과 그의 신성을 느끼는 것은 무신론이 잘못되었다는 사실과 유신론이 바르다는 것을 보여줍니다. 그러나 자연을 통해 하나님을 아는 것은 그 한계가 있습니다. 어쩌면 자연을 통해 나타나는 위대한 하나님의 모습은 무서운 하나님일 수도 있습니다. 지진과 해일, 가뭄과 홍수 그리고 암과 같은 질병을 경험하게 되는 사람들은 하나님을 원망하게 됩니다. 바닷가의 모래알과 같고, 수많은 개미 떼 중에 한 마리의 개미와 같은 나약함을 느끼는 우리들에게 위대하신 하나님, 우주를 다스리시는 하나님은 너무나 무섭고 무정하게만 느껴지는 것입니다. 과연 창조주 하나님이 하잘 것 없는 나를 사랑하실 것인가라는 질문에 우리는 회의적일 수밖에 없습니다. 자연계시를 통해 하나님이 존재한다고 입증된다고 할찌라도 하나님이 나와 무슨 상관이 있는가라는 질문은 아주 자연스러운 것입니다.

하나님과의 개인적인 만남을 통해서만이 사랑의 하나님을 느낄 수 있다면, 그것은 자연을 통한 계시와는 다른 특별한 계시의 요청이 요구되는 것입니다. 기독교의 하나님은 자연을 통해 입증되는 보편적인 하나님을 전제로 합니다. 이 보편적인 하나님이 인간 역사 속에서 자신을 특별히 보여주셨다면, 우리는 이를 특별계시라고 부릅니다. 기독교는 예수 그리스도를 통해서 하나님이 자신의 모습을 특별하게 보여주셨다고 믿는 종교입니다.

"영생은 곧 유일하신 참 하나님과 그가 보내신 자 예수 그리스도를 아는 것이니라." (요 17:3)

우리가 예수를 만나게 될 때 하나님을 경험하게 되고, 하나님을 경험하게 되면 과연 하나님은 존재하는가라는 질문은 저절로 사라질 것입니다. 결과적으로 하나님의 살아계심에 대한 증명은 자연과 만물을 통해서 가능해집니다. 우리는 산과 바다를 바라보며 "주님의 높고 위대하심을 내 영혼이 찬양하네."라는 찬송을 부르게 됩니다. 또한 그 하나님이 나를 사랑한다는 것에 대한 증명은 내 자신이 예수를 만났을 때 가능해집니다. 우리가 예수를 만나게 될 때 우리는 "날 사랑하심 날 사랑하심 날 사랑하심 성경에 쓰여 있네."라는 찬송을 부르게 될 것입니다.

1. 과연 하나님은 존재하는가?

   만약 하나님이 존재한다고 생각한다면, 왜 그렇게 생각하는가?

   만약 그렇지 않다고 생각한다면, 왜 그렇게 생각하는가?

2. 현대무신론의 성장배경에 대하여 논하라.

   1) 종교개혁의 영향

   2) 현대과학의 발달

   3) 계몽주의의 영향

3. 현대무신론의 문제점은 무엇인가?

    1) 실존적 무신론


    2) 사회학적 무신론


    3) 심리학적 무신론


    4) 유물론적 무신론


    5) 과학적 무신론



4. 당신은 하나님의 존재를 증명할 수 있는가?
    하나님의 존재에 대한 유신론적 논증을 한번 시도해 보라.

Who is the Christian God?

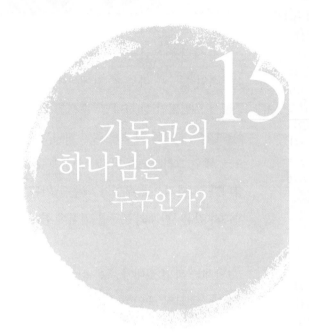

# 기독교의 하나님은 누구인가?

예수님이 십자가에 달려 돌아가신 후 다시 부활하지 않았다면 삼위일체론은 생기지 않았을 것입니다. 부활의 기적을 체험한 예수님의 제자들에게 예수님은 "인간을 구하시려고 인간이 되신 하나님"이라는 깨달음이 생겼으며 성자가 승천하였을지라도 예수 그리스도가 성령을 통하여 그들과 함께 하시는 체험을 함으로써 이 믿음의 체험을 성경에 기록하였고 교회는 이것을 삼위일체론으로 체계화하였습니다.

기독교가 자신의 진실성을 밝히기 위해서는 하나님이 존재한다는 사실을 우선적으로 증명해야 합니다. 하나님의 존재에 대한 유신론적인 논증은 바로 앞 장에서 다루었습니다. 우리는 자연의 신비를 통해서 보편적인 신(하나님) 존재를 증명한 후에, 이스라엘의 민족 신이신 여호와가 바로 그 보편적인 하나님인지를 고찰해야 합니다. 마지막으로 예수 그리스도가 바로 이 땅에 찾아오신 그 하나님임을 논증해야 합니다. 결과적으로 우리가 예수를 기독교의 하나님으로 삼기위해서는 아래와 같은 3단계의 논증을 거쳐야 합니다.

1단계는 과연 절대자 혹은 신적 존재가 있느냐 하는 문제를 해결해야 합니다. 종교적 증언이나 신앙을 떠나서 신의 존재를 과학적으로든지 철학적으로든지 증명해야 합니다.

2단계는 만일 절대자가 있다는 사실이 증명된다면, 과연 증명된 신적 존재가 성경에 나타난 하나님인지에 대해서 논증해야만 합니다. 구약의 여호와 하나님이 모든 민족의 하나님인 지에 대한 증명이 필요합니다. 다시 말해 세계 모든 민족의 신들 가운데 이스라엘의 민족 신인 여호와 하나님이 참된 신이라는 증명을 해야만 합니다.

3단계는 만약 이스라엘의 민족 신이 유일하신 하나님이라면, "과연 예수가 그 하나님의 현현인가?"라는 질문에 답해야 합니다. 현재 유대교, 이슬람교, 기독교가 여호와 하나님을 섬기고 있는데, 그 중에 어떤 종교가 참인가에 대한 증명이 요청됩니다. 예수가 바로 그 하나님의 현현(나타남)일 때만이 기독교의 진실성은 입증되는 것입니다.

이제 우리는 자연계시의 차원을 넘어서 하나님이 어떠한 종교를 통해서 자신을 나타내셨는가에 관한 질문, 곧 특별계시에 관한 문제를 다루어야 합니다. 기독교는 예수라는 사람을 하나님의 아들이라고 고백합니다. 예수는 구약의 하나님의 현현인 동시에 보편적이고 우주적인 하나님의 현현(나타남)입니다.

## 유대교와 기독교의 관계는 무엇인가?

사실 유일신교들의 출발점이요, 모태는 유대교입니다. 이런 이유로 유대교의 입장에서 기독교를 바라본다면 기독교는 유대교의 이단입니다. 신약성경 사도행전의 기록이 이를 증명합니다.

> "우리가 보니 이 사람은 염병이라 천하에 퍼진 유대인을 다 소요케 하는 자요 나사렛 이단의 괴수라." (행 24:5)

그러나 유대교도 기독교도 아닌 사람들이 기독교를 바라보았을 때는 문제가 달라집니다. 제3자 입장에서 볼 때에 기독교는 유대교의 분파로 여겨질 것입니다. 바울이 예수의 복음을 전하는 것에 대해 유대인들이 소송을 걸어 재판을 청구할 때, 당시 이스라엘에 부임한 로마사람 베스도 총독은 이렇게 말합니다.

> "원고들이 서서 나의 짐작하던 것 같은 악행의 사건은 하나도 제출치 아니하고 오직 자기들의 종교와 또는 예수라 하는 이의 죽은 것을 살았다고 바울이 주장하는 그 일에 관한 문제로 송사한 것뿐이라. . . 나는 살피건데 죽일 죄를 범한 일이 없더이다."

## 유대교의 완성으로서의 기독교

그렇다면 기독교의 입장에서 유대교와 기독교의 관계는 어떻게 될까요? 기독교는 유대교의 완성이라고 봅니다. 기독교는 구약을 통해 예언된 하나님의 모든 약속이 예수 그리스도를 통해 완성되고 성취되었다고 주장합니다. 그러므로 구약은 언약(약속의 말씀)이고, 신약은 언약의 완성 (성취된 말씀)이라고 합니다. 구약에서 예언되고 약속된 메시아 혹은 그리스도가 예수라고 신약에서는 증언합니다. 이처럼 기독교는 예수라는 젊은 청년에게 신성을 부여하는 신비종교입니다. 다시 말해서 예수라고 하는 한 인간을 신격화하는 신앙이 기독교 신앙의 핵심이요 특징입니다. 예수의 신성이야말로 그를 영화롭게 하였음과 동시에 그로 하여금 시련을 겪게 만든 주된 이유입니다. 예수가 유대인들로부터 십자가 처형을 당한 가장 확실한 이유는 자신을 하나님이라고 주장했기 때문입니다. 신약성경의 요한복음은 이를 자세히 기록하고 있습니다.

> "유대인들이 대답하되 우리에게 법이 있으니 그 법대로 하면 저가 당연히 죽을 것은 저가 자기를 하나님 아들이라 함이라."(요 19:7)

기독교가 예수를 하나님으로 고백하게 될 때 기독교의 하나님은 유대교의 유일신 하나님에서 삼위일체 하나님으로 전환되어집니다.

## 1. 기독교의 하나님은 삼위일체 하나님이십니다.

도대체 기독교가 말하는 삼위일체 하나님은 무엇을 말하는가? 삼위일체론은 기독교가 믿는 하나님의 신비를 보여줍니다. 하나님은 유일하신 한 분이신데, 그 한 분 하나님 안에 성부, 성자, 성령의 3위격이 있다는 신학이론이 바로 삼위일체론입니다. 하나님은 "하나의 본질, 세 위격" 이라는 신학적 이해입니다. 하나가 셋이요 셋이 하나라는 하나님에 대한 삼위일체적인 이해는 수학적으로, 과학적으로, 그리고 이성적으로 이해할 수 없는 논리입니다. 1+1+1=1 이라는 계산을 어떻게 이해해야 하는가? 참으로 쉽지 않은 문제입니다.

창 1장 1절에 "하나님이 천지를 창조하시니라"라는 말씀에서 주어인 '하나님' 은 히브리어로 '엘로힘' 인데 이 말은 하나님을 가리키는 '엘'의 복수형 명사입니다. 그런데 같은 문장의 서술어인 '창조하시니라' 에서는 단수형인 '바라' 라는 말을 사용하고 있습니다. 또한 창세기 1장 26절에 "우리의 형상을 따라 우리의 모양대로 우리가 사람을 만들고"라는 말씀에서 '우리' 라는 복수 대명사를 사용하심으로 한 분 하나님 안에 세 위격이 계심을 표현하였습니다. 또한 예수님께서 선교의 지상명령을 내리실 때 "너희는 가서 모든 족속으로 제자를 삼아 아버지와 아들과 성령의 이름으로 세례를 주라" (마 28:19)고 하셨습니다. 이 명령에서 아버지와 아들과 성령이 셋이니까 이름들이라고 복수형으로 쓸 것 같은데 삼위는 일체이시기에 이름이라는 명사가 복수형이 아닌 단수로 나옵니다. 결국 "나와 아버지는 하나" (요 10:30)라는 예수님의 말씀처럼 인간이 되신 성자 예수를 성부 하나님과 한 분으로 동등한 신성을 부여할 때 삼위일체론은 그 타당성을 부여받는 것입니다.

그러므로 예수를 하나님의 아들로 고백하며 예수님에게 신성을 부여하는 기독교인들에게만 유일신 하나님은 삼위일체 하나님으로 나타나는 것입니다. 그런데 성서에는 삼위일체라는 말이 없습니다. 삼위일체론은 하나님을 설명하기 위해 만들어낸 신학 이론입니다. '삼위일체론'은 '악의 기원'과 '종말의 시기'와 함께 기독교 3대 불가사의로서 하나님의 신비를 보여줍니다.

## 2. 삼위일체론은 어떻게 형성되었는가?

초기 예수님의 제자들은 신앙에 있어서 3가지 상이한 요소들을 한데 통합할 필요를 느꼈습니다. 3가지 상이한 신앙요소들이란 다음과 같습니다.

첫째, 구약 야훼 하나님에 대한 유일 신관
둘째, 예수님의 하나님 되심에 관한 신앙고백
셋째, 성령의 임재에 대한 경험

초대 기독교인들은 구약성서로부터 물려받은 유일신관을 확고부동하게 유지하면서 그들이 예배하는 하나님은 유일하신 하나님, 즉 아브라함과 이삭과 야곱의 하나님, 즉 야훼 하나님임을 확신하였습니다.

초대 기독교인들에게 두 번째의 타협할 수 없는 신앙이 생겼는데, 그것이 바로 예수님을 구약 하나님의 현현으로 믿으며 예수님에게 신성과 주되심을 고백하는 것이었습니다. 바로 이 지점이 유대교와 기독교가 분리되는 경계입니다. 유대인들에게 있어 예수님의 신성을 고백하는 것은 하나님 외의 다른 신, 즉 우상을 숭배하는 것이 되어 버립니다. 따라서 유대인들은 예수를 따르는 무리들을 유대교의 분파나 형제 종교로 받아들이기보다는 이단으로 정죄할 수밖에 없었던 것입니다.

예수는 자신의 제자들에게 야훼 하나님을 자신의 아버지로, 자신을 그분의 아들로 가르쳤습니다.

"저희를 주신 내 아버지는 만유보다 크시매 아무도 아버지 손에서 빼앗을 수 없느니라. 나와 아버지는 하나이니라." (요 10:29-30)

초대 교회가 삼위일체의 제 1위격과 제 2위격을 각각 성부와 성자라는 용어로 구별 지어 부르는 것은 바로 예수님이 하나님을 자신의 아버지라고 불렀기 때문입니다.

초대 기독교인들이 직면한 세 번째 문제는 오순절 날에 예수님이 보내기로 약속한 성령의 체험입니다. 초대 기독교인들은 유일하신 하나님에 대한 신앙, 예수의 주(主)되심에 대한 신앙, 그리고 여기에다 성령을 신적인 분으로 고백하는 신앙을 갖게 된 것입니다. 초대 기독교인들은 하나님과 성령님이 동시에 자신들과 함께 임재하고 계시다고 주장하였습니다. 초기 성도들은 성령을 인격적으로 이해했을 뿐만 아니라 신적인 분으로 이해하였습니다.

결과적으로 유대교의 뿌리로 부터 시작된 초대 기독교인들은 유일신 신앙에서, 예수의 주되심과 성령의 하나님 되심을 동시에 고백하면서 자연스럽게 유일신론을 변형한 삼위일체론을 따르게 되었습니다. 그러나 셋이 하나이고 하나가 셋이라는 그 자체로 모순적인 논리는 곧바로 많은 문제를 낳게 됩니다. 이 논리적 모순을 풀고 좀 더 납득하기 쉬운 신앙으로 발전시키기 위해 많은 기독교 사상가들이 예수의 신성을 포기하여 유일신론으로 돌아가든지, 아니면 성부, 성자, 성령을 각각 다른 세 분의 신들로 보아 삼신론으로 전환되든지 하여 이단으로 정죄를 받게 되었습니다.

다시 말해 수학적으로, 과학적으로, 그리고 이성적으로 이해할 수 없는 1+1+1=1 이라는 삼위일체적인 하나님에 대한 이해는 초대 교회 사상가들로 하여금 3으로 기울든지 아니면 1로 수렴되는 결과를 낳았던 것입니다. 삼위일체를 완전히 풀어헤쳐 인간적인 눈으로 분석해내고자 했던 모든 시도들이 결국은 이단으로 귀결되었다는 사실은 삼위일체야말로 이성적으로 설명하기 어려운 하나님의 신비라는 사실을 반증하고 있다고 볼 수 있습니다.

### 3. 삼위일체론에 관한 이단들은 누구인가?

삼위일체론에 관한 2가지의 대표적인 이단은 종속설과 양태론입니다.

종속설은 주후 321년경에 아리우스에 의해 주장된 것으로 성자와 성령은 성부보다 못하다는 이론으로 그리스도는 하나님의 최초의 피조물로서 성부인 하나님보다 열등하다는 주장입니다. 성령 또한 성부와 성자로부터 생겨난 것으로 성부와 성자보다 열등하다는 이론으로 유일신 하나님만을 섬기려는 열정이 성자와 성령의 위격을 성부보다 낮추어 성자인 예수님을 하나님과 인간을 이어주는 천사와 같은 최초의 피조물로 전락시켜버린 것입니다.

양태론은 주후 215년에 사벨리우스에 의해 주장된 것으로 하나님은 오직 한 분이며 성부, 성자, 성령이라는 세 가지 다른 모습으로 자신을 계시할 뿐이라는 이론입니다. 이 이론은 흔히 부흥강사들이 삼위일체 하나님을 쉽게 설명하기 위해 사용하는 논리로서 어떤 사람이 교회에서는 장로님, 집에서는 아버지, 직장에서는 사장님이라고 불리는 것처럼 하나님은 단 한 분인데 역사하실 때 단지 다른 모양으로 나타날 뿐이라는 주장입니다. 결국 본질적으로 종속설과 다를 바가 없는 이론입니다.

## 4. 삼위일체의 내용은 무엇인가?

삼위일체란 창조자 성부, 구원자 성자, 그리고 성령의 세분이 본질적으로 하나이요 인격에서는 셋이라는 이론입니다. 삼위일체론은 두 가지를 동시에 만족시키려고 합니다.

### (1) 삼위 하나님은 한 분이십니다.(통일성)

삼위 하나님은 세 가지의 모습으로 각각 나타나지만 그러나 서로 상관없는 별개의 세분 하나님이 아니라 이 셋은 본질적으로 한 분 하나님 즉 구약의 이스라엘 민족에게 유일신으로 나타났던 바로 그 야훼 하나님이라는 것입니다.

(2) 삼위 하나님은 세 분의 인격입니다.(독자성)

삼위의 하나님은 본질적으로 한 분이지만 구별성과 독립성을 가지고 계십니다. 이것은 예수 그리스도의 기도를 통해 알 수 있습니다. 예수 그리스도께서 지상에서 기도하실 때 그 때 아버지 하나님은 기도를 들으시는 대상이 되십니다. 만약 삼위의 구별성과 상호간의 독자성이 확보되지 않으면 무덤에 계신 성자를 누가 다시 살려낼 수 있겠는가? 그러나 논리적으로 볼 때 삼위의 통일성과 독자성을 동시에 만족시키는 것은 모순이 됩니다. 실제적으로 통일성내지는 독자성 중의 하나만을 강조하는 사람을 이단이 되게 만드는 것이 바로 삼위일체이론입니다. 그것은 수학적으로 1=3이라는 논리입니다. 만약 삼위일체론이 단순히 추상적인 신학이론이라면 그것은 그저 신학적인 말장난이 되고 말 것입니다. 결과적으로 삼위일체는 우리가 예수 그리스도의 성육신, 죽음, 그리고 부활을 믿고서 그를 하나님의 아들로 받아들일 때만이 의미가 있는 기독교의 하나님 이해입니다.


## 5. 우리는 삼위일체를 어떻게 설명할 수 있는가?
### (삼위일체에 대한 일반적인 비유들)

주후 4세기에 그리스도인들은 삼위일체 하나님의 신비를 자연을 통해 설명해보려는 시도를 하였습니다. 이러한 비유들 중의 하나는 $H_2O$라는 화학공식입니다. 이 합성물이 얼음, 물, 수증기라는 세 가지의 형태를 취할 수 있는 것처럼 한 하나님은 세 위격으로 되어있다는 것입니다. 이와 유사한 비유가 더 있습니다. 첫째, 나무는 뿌리, 줄기, 가지로 이루어졌지만 나무는 오직 하나만 존재할 뿐이라는 비유입니다. 둘째, 달걀은 노른자위, 흰자위, 껍질로 되어있다는 비유입니다. 그러나 이러한 비유들은 사벨리우스의 양태론적인 이해로서 치명적인 약점이 있습니다. 그것은 한 하나님이 세분의 위격들로 형성되어있는 역동성을 설명하지 못한다는 것입니다.

우리가 삼위일체를 자연을 통해서 설명하지 못한다고 하더라도 삼위일체로 나타나시는 하나님의 사랑을 자연을 통해서 볼 수 있습니다. 우리 인간을 위해서 자신의 아들을 보내신 하나님의 사랑은 부모가 자신이 낳은 자식에게 베푸는 사랑을 통해서 느낄 수 있습니다. 또한 자연계에서 볼 수 있는 모성애나 부성애는 비록 그것이 본능이라고 하여도 참으로 신비한 것입니다. 우리가 이러한 본능을 통해 하나님이 사랑이심을 유추해볼 수 있습니다.

물고기 중 유일하게 둥지를 만들어 자식들을 보살피는 가시고기 이야기를 소개하고자 합니다. 가시고기는 주둥이로 강바닥의 모래를 퍼내고 그곳에 둥지를 짓습니다. 모래집에 수초까지 덮어 완벽한 산란의 보금자리를 꾸밉니다. 가시고기 수컷은 이때부터 알을 보호하기 위해 필사의 노력을 기울입니다. 몸집이 큰 물고기들과 처절한 싸움도 불사합니다. 알에 산소를 공급하기 위해 부지런히 알을 넣고 꺼내는 작업도 잊지 않습니다. 가시고기 수컷은 보통 15일 동안 아무 것도 먹지 않은 채 알을 보호합니다. 그리고 알이 부화할 무렵, 둥지 옆에서 장렬하게 죽습니다. 영문도 모르는 치어들은 무심하게도 제 아비의 살을 뜯어먹으며 성장합니다. 가시고기는 치어를 위해 생명을 바치고, 최후에는 몸까지 새끼들을 위하여 내어놓습니다. 그 부성애로 인해 가시고기의 부화율은 90%를 웃돌게 됩니다.

## 6. 삼위일체론이 우리에게 주는 의미는 무엇인가?

예수님이 십자가에 달려 돌아가신 후 다시 부활하지 않았다면 삼위일체론은 생기지 않았을 것입니다. 유일신 하나님만을 섬기면 되었을 것입니다. 그러나 부활의 기적을 체험한 예수님의 제자들에게 "예수님은 인간을 구하시려고 인간이 되신 하나님이다"는 깨달음이 생겼습니다. 또한 성자가 승천한 후에도 성령을 통하여 그들과 함께 하시는 예수 그리스도를 체험하였던 것입니다. 이 믿음의 체험을 성경에 기록하였고 교회는 이것을 삼위일체론으로 체계화하였습니다.

지난 2000년 동안 삼위일체론은 예수 그리스도의 신성을 확인하였고, 성령이란 단순한 초능력이 아니라 바로 창조자 하나님이라는 성서적 진리를 확신시켜주는 신학적인 이론이 되어왔습니다. 그러므로 우리는 예수 그리스도를 하나님의 아들로 믿게 될 때에야 비로소 진정한 하나님이신 삼위일체 하나님을 경험하게 되는 것입니다. 결과적으로 예수님을 아는 것은 하나님을 아는 것 (요 8:19)이요, 예수님을 본 것은 하나님을 본 것 (요 12:45, 14:9)입니다. 예수님을 믿는 것은 하나님을 믿는 것 (요 12:44, 14:1)이고, 예수님을 영접하는 것은 하나님을 영접하는 것 (막 9:37)입니다.

1. 유대교와 기독교의 관계는 무엇인가?

2. 삼위일체론은 어떻게 형성되었는가?

3. 삼위일체론의 내용은 무엇인가?

4. 우리는 어떻게 삼위일체 하나님을 설명할 수 있는가?

5. 우리에게 삼위일체론이 주는 의미는 무엇인가?

*Endnotes*

1) 리 스트로벨, 창조설계의 비밀 (서울: 두란노, 2005), 21.

2) 이 이론은 1927년 로메트로가 발표하였는데, 약 100억 년 전에는 모든 은하가 한 곳에 모여 중성자만으로 구성된 원초원자상태에 있었다는 가정으로 출발합니다. 어느 순간 이 원초원자가 대폭발을 일으켜 사방으로 흩어지기 시작하였습니다. 폭발하고 나서 1시간 후의 온도는 약 2억 5천만 도가 되었으며, 20만년 후에는 6000도로 떨어졌습니다. 폭발 후 곧 중성자는 양성자와 전자로 분리되고, 양성자와 중성자들은 결합해서 중원소의 원자핵이 되었다고 가정합니다. 냉각된 후 양성자와 원자핵들은 자유공간에서 돌아다니는 전자들을 포착해서 현재의 우주를 구성하는 수소원자와 기타원자들이 생겼다는 이론입니다. 이러한 원자들이 성운을 형성하고 중력에 의해서 수축하여 별들이 탄생하게 되었다고 주장합니다. 1977년에 바인버그는 대폭발이론을 좀 더 세밀하게 발전시켰습니다. 그에 의하면 폭발은 모든 공간에 동시적으로 일어났으며 이때의 구성 물질은 전자, 양전자, 뉴트리노(전하와 질량이 없이 항상 광속으로 움직이는 입자)와 빛으로 되어 있었고 밀도는 물의 40억 배에 달한다고 가정하였습니다. 폭발 3분후 현재의 모든 수소와 헬륨이 생성되었으며, 중력 수축으로 별들이 생겼다는 것입니다.

3) 리 스트로벨, 창조설계의 비밀, 135-36.

4) 김영길 외 26인, 자연과학 (생능: 서울, 1990), 135-37.

5) 스콧 휴스, 진화론의 붕괴, 17-18.

6) 정근모, 민족화합의 기도, 106, 237.

7) 혹자는 여러 사람의 신체들이 부활해서 신과 연합한다고 생각합니다. 각 개인의 특징들은 없어지고 하나님과 인간 사이의 영원한 차이도 사라집니다. 그것은 마치 대양에 물 한 방울을 떨어뜨리는 것과 같습니다. 그 때에 물방울의 정체성은 사라지게 됩니다. 우리는 이를 합일설이라고 부릅니다.

8) Raymond A. Moody, Jr. Life After Life (New York: Bantam, 1976) 참조

9) 이 문제를 풀기위해 3가지의 생각을 통해서 논리적으로 설명해 나갈 수 있습니다.

　　* 첫 번째 생각 : 하나님은 전지전능하신 분입니다.

　　* 두 번째 생각 : 하나님은 사랑의 하나님입니다.

　　* 세 번째 생각 : 세상에는 악이 가득합니다.

　그런데 문제는 이 세 가지 생각을 모두 합쳐놓으면 논리적으로 도저히 이해할 수 없다는 것입니다. 그래서 우리는 이 3가지의 생각들을 2가지씩 묶어서 악의 문제를 하나씩 풀어나가고자 합니다.

　1. 첫 번째 가정입니다.

　* 첫 번째 생각 : 하나님은 전지전능하신 분입니다.

　* 세 번째 생각 : 세상에는 악이 가득합니다.

　이렇게 하면 논리적으로 문제가 없는 것 같습니다. 왜냐하면 우리가 하나님을 무섭고 나쁜 하나님으로 이해하면 되기 때문입니다. 쉽게 말해서 하나님은 전능하시지만 선하고 착한 하나님은 아니라는 것입니다. 하나님은 나쁜 하나님이기 때문에 세상에 악을 뿌리시고 나쁜 일이 가득하도록 만드실 수 있습니다. 즉 하나님이 악을 만드셨기 때문에 우리는 악의 문제에 대해서 따지거나 원망할 수 없습니다.

　2. 두 번째 가정입니다.

　* 두 번째 생각 : 하나님은 사랑의 하나님이시다.

　* 세 번째 생각 : 세상에는 악이 가득하다

　이렇게 해도 논리적으로 문제가 없는 것 같습니다. 왜냐하면 하나님을 이원론적으로 생각하면 됩니다. 이 세상에는 두 개의 신적인 영역이 있다고 생각해 봅시다. 그 중에 하나는 선한 신의 영역이고, 다른 하나는 악한 신의 영역으로 보면 됩니다. 선한 신은 기독교의 사랑의 하나님입니다. 그러나 그 하나님은 세상 전부를 다스릴 능력이 없습니다. 악한 신이 세상을 죄악으로 물들이고 있지만 하나님은 악한 신을 막을 힘이 없습니다. 정리해 봅시다. 여기에서 기독교의 하나님은 정의의 하나님이지만 악을 이길 능력이 부족하기 때문에 세상의 악을 제거하지 못합니다. 따라서 우리는 세상의 악의 문제를 하나님의 책임으로 돌릴 수 없습니다.

　3. 세 번째 가정입니다.

　* 첫 번째 생각 : 하나님은 전지전능하신 분이다.

　* 두 번째 생각 : 하나님은 사랑의 하나님이다.

　세 번째 가정 역시 논리적으로는 아무런 문제가 없습니다. 하나님은 전능한 하나님이십니다. 그리고 정의와 사랑의 하나님입니다. 그래서 세상에는 악도, 가

난도, 질병도 없습니다. 히틀러와 같은 독재자도 나타나지 않고 정치의 부패 또한 없습니다. 사회에서 일어나는 살인, 강간, 폭행, 사기사건 등은 일어나지 않습니다.

그러나 문제는 우리가 사는 세상의 현실이 그렇지 못하다는 것입니다. 세상에는 가난도 질병도, 사회의 문제들도 하루에도 셀 수 없이 많이 일어나고 있습니다. 이러한 현실이 무신론자들에게는 신의 존재를 부인하는 가장 강력한 증거로 쓰이고 있지요. 그들은 하나님이 살아계신다면 세상에 악이 있을 수 없다고 합니다. 그런 이야기들을 들을 때 우리들은 할 말이 없어집니다. 그러나 세상의 악을 정당화하기 위해 하나님의 전능하심을 포기할 수는 없습니다. 그렇다고 하나님이 사랑의 하나님이 아니라고 말할 수도 없는 노릇입니다. 그래서 누군가 우리에게 "하나님이 살아계신데 왜 착하게 사는 사람들이 고난을 당합니까?" 라고 묻는다면 "글쎄요? 저도 잘 모르겠네요." 라고 솔직하게 말하는 것이 오히려 옳은 대답임을 느끼게 됩니다. 왜냐하면 그 어떠한 답도 속 시원하게 우리를 만족시킬 수 없음을 우리 스스로가 잘 알고 있기 때문입니다. 그러나 우리는 이 문제를 가지고 고민하며 씨름해야 합니다. 정말로 하나님께서 살아계신다고 믿는다면 말입니다.

10) 존 스타트, 기독교의 기본 진리 (서울: 생명의 말씀사, 2002), 44-45.

11) 이양림, 기독교와 과학 (서울: 죠이선교회, 2001), 139.

12) 예수 그리스도가 세상에서 살 때 가졌던 육체는 진짜 육체가 아니고 육체처럼 보였다고 주장하고, 또 그리스도는 십자가에서 이 몸을 떠났다고 하며 십자가에서 하나님의 아들 그리스도가 죽은 것이 아니고 인간 예수가 죽었다고 주장하는 이단교리.

13) 어거스틴의 이름은 비단 기독교 역사에서 뿐만 아니라 일반 문화사에서도 중요한 위치를 차지합니다. 그의 부친은 이교도였으나 그의 어머니 성 모니카는 독실한 기독교인이었습니다. 그는 어린 시절 교육을 받기 위해 카르타고에 보내졌습니다. 그는 그곳에서 부와 명성에 대한 욕구 속에서 아주 방탕한 생활을 하였습니다. 그러나 그는 로마의 유명한 정치가, 철학자, 그리고 수사학자인 케케로의 "호르텐시우스"를 읽고 철학을 사랑하는 사람으로 변했습니다. 그때에 그는 "오 진리여, 진리여, 그 시간 이후로 내가 얼마나 불타는 마음으로 그대를 사모했던가!" 라는 고백을 하게 됩니다. 그러나 그는 철학을 통해 진리를 찾지 못하고 당시 아프리카에 널리 퍼져 있었던 마니교에 들어갔습니다. 마니교는 하나님과 세상을 구분하고, 하나님과 악도 구분하는 이원론적인 종교였습니다. 마니교는 악은 하나님의 통치와 대립되는 또 다른 세력이기 때문에 하나님도 악과 싸우신다고 생각했습니다. 그래서 마니교는 엄격하고 금욕적인 생활을 주장하거나 반대로 자유방임주의를 주장하였습니다. 이는 초대교회의 이단인 영지주의와도 비슷

한 종교이었습니다. 오늘 날로 보면, 구원파가 마니교와 가장 흡사할 것입니다. 9년간에 걸친 마니교와의 생활 후에 마니교의 입장이 속임수라는 사실을 깨달은 후에 신플라톤 철학으로 돌아서게 되었습니다. 어거스틴은 플라톤의 철학을 통해서야 비로소 자신이 예수 그리스도를 떠나서는 진리에 이를 수 없다는 생각이 분명해졌습니다. 그 후에 그는 기독교로 개종하여 바울의 정통신학을 잇는 초대교회의 가장 영향력 있는 교부가 되었습니다.

14) 이 말씀이 바로 예수 그리스도이십니다. 바르트라는 신학자는 하나님의 말씀을 세 가지로 분류합니다. 첫째는 기록된 말씀인 성경입니다. 둘째는 계시된 말씀인 예수 그리스도입니다. 셋째는 선포된 말씀인 설교입니다.

이 세 가지의 말씀 중에서 예수 그리스도가 가장 중요합니다. 기록된 말씀인 성경과 선포된 말씀인 설교는 예수 그리스도를 증거 할 때에만 그 의미를 갖습니다. 성경은 유일하게 예수 그리스도를 증언하고 있기 때문에 가장 귀하고 거룩한 책입니다. 예수 그리스도를 증거하는 설교 역시 하나님이 말씀하시는 하나의 거룩한 통로라고 말할 수 있습니다.

15) 웨슬리 당시에 영국은 뇌물, 부패, 사기, 속임수가 정치의 일상이었습니다. 공개적으로 런던타임지에 국회의원직을 판매하는 광고가 나오기도 했으며, 의원직의 값이 천정부지로 치솟기도 하였습니다. 올드 살룸과 같은 몇몇 선거구들은 거주자가 한 명도 없는데 2명의 의원이 그곳에서 배출되었습니다. 18세기의 영국은 산업혁명으로 인해 사회적 불평등, 경제적 빈익빈 부익부 현상을 초래하였습니다. 이제 증기기관과 기계적인 작업도구들이 발명되면서 노동자들의 임금은 더욱 낮아지고 실업자의 숫자는 자꾸 늘어났습니다. 그래서 많은 노동자들이 탄광으로 몰려들었는데, 당시 광부의 하루 임금은 1실링으로 하루도 쉬는 날이 없이 일주일 내내 하루 16-17시간정도를 노예처럼 일해야 했습니다. 그리고 늙거나 그 일에 적합하지 않으면 가차 없이 해고되어 가난과 질병의 비참함에 내던져졌습니다. 당시 여성들도 광부로 일할 수밖에 없었는데 6-21세의 여성노동자들이 상반신 나체로 네발 가진 짐승처럼 석탄 바구니를 운반하였습니다. 4-13세 이하의 남녀아동들도 석탄광부로 고용되어 하루 11-14시간까지 노동을 강요당했습니다. 그래서 노동자들의 평균수명은 리버풀이라는 도시는 15세, 맨체스터는 17세, 볼튼은 18세이었습니다. 이러한 비인간적인 노동환경, 저임금, 그리고 생필품의 품귀현상은 국지적인 데모나 군중들의 폭력적인 행동으로 이어졌습니다. 이러한 상황 속에서 국회는 형법을 강화했고, 소송절차는 불분명했으며, 형 집행은 참혹하였습니다. 이 당시 사형에 해당하는 범죄목록이 무려 200개 이상이 추가되었습니다. 브레디에 의하면, 18세초의 영국은 희망이 소멸하던 시기였습니다. 웨슬레에 의한 대부흥이 있기 직전 모든 계층에서 출생한 어린이 4명중 3명이 15세 이전에 죽었습니다. 서민들의 대다수가 어떠한 정규적인 학교교육을 받지

못했습니다. 18세기의 사회적 상황은 음주와 도박 그리고 잔인한 스포츠이었습니다. 독주인 위스키가 영국인들의 일상음료가 되었습니다. 설상가상으로 영국 국교회는 영적인 무기력과 태만, 그리고 성직남용이었습니다. 이러한 영국을 구한 사람이 바로 하나님의 사람 요한 웨슬리입니다.

16) 2000년에 서울대학교를 수석으로 졸업(서울대 종교학과 4년간 평균 점수 99.26 취득)한 김동환목사는 "기도하지 않으면 밥 먹지 말아라! 성경 읽지 않으면 공부하지 말아라!"는 엄한 어머니 밑에서 신앙을 갖게 되어 성령이 주시는 지혜와 명철을 체험한 사람입니다. 김동환 전도사는 서울대 최연소 박사가 될 수 있는 기회가 있음에도 그것을 포기하고 신학대학원에 진학했습니다. 지금은 총신대학원에 재학 중이며 다니엘 학습법을 통해 하나님께 영광을 돌리고 있습니다.

17) 우리는 철학을 상상력에 의한 추상적인 이론으로 생각할 수 있습니다. 이러한 철학은 관념론 혹은 사변철학이라고 불립니다. 헤겔이 그 대표적인 철학자입니다. 사변철학을 부정적으로 표현하면 그것은 '공허하고 헛된 생각'입니다. 이러한 철학은 논리적이긴 하지만 내용이 없는 빈껍데기 철학입니다.

18) 변증이란 모순덩어리인 기독교 신앙을 역설적으로 주장할 때 사용하는 방법으로 상대를 부정하면서 모순덩어리인 자신을 긍정하는 철학적 방법입니다. 주로 이단들이 이러한 변증법을 사용합니다. 이단들은 자신들의 신앙을 스스로 증명할 길이 없습니다. 그래서 이단들은 불신자들을 전도하지 못합니다. 왜냐하면 모순된 자신들의 신앙을 불신자에게 어떻게 설명해야 할지 전혀 모르기 때문입니다. 그래서 이단들은 교회에 다니는 성도들에게 전도합니다. 그것도 아주 쉽게 전도합니다. 이단들은 정통교단 교인들에게 정통교회의 문제점과 타락을 지적하면서 정통교단이 틀렸다고 주장합니다. 그들이 지적하는 정통교회의 문제점에 동감한 교인들은 이단의 진실성을 묻지도 않고 이단으로 빠져들게 됩니다. 이러한 접근방법이 바로 변증입니다.

19) 범신론은 역사를 통해 전통적인 기독교 신학자들에 의해서 강력하게 거부되어 왔다. 범신론은 유한한 세계가 바로 하나님 자신이기에 하나님은 유한하다고 말한다. 범신론은 본질적으로 하나님을 몸으로 또한 세상을 하나님의 몸으로 간주하므로 하나님과 세상을 서로 구별할 수 없게 만든다. 그렇기 때문에 전통적인 신학자들은 모든 다양한 형식의 범신론을 전적으로 거부한다. Thomas C. Oden, The Living God, Systematic Theology I (Peabody: Prince Press, 1998), 89.

20) 존 힉은 사회학적 무신론, 심리학적 무신론, 유물론적 무신론 그리고 유신론에 대한 현대 과학의 도전에 대하여 그의 저서 「종교철학개론」(서울: 종로서적, 1980)에서 자세히 진술한다.

21) 스콧 휴스, 진화론의 붕괴 (서울: 말씀과 만남, 1994), 17. 에서 간접인용.